Visual

アイデア発想フレームワーク

堀 公俊［著］
HORI Kimitoshi

日本経済新聞出版社

まえがき

いくら机の前でうなっていても良いアイデアは出てきません。アイデアを生みやすくするための方法やセオリーがたくさんあり、それらを身につけるのが得策です。

発想の原理やメカニズムを探究した先人たちは、「創造性開発技法」とも呼ばれる数多くの手法を編み出しました。誰がやっても一定のアイデアが出せるのがありがたく、主に製品開発や生産改善といった分野で用いられてきました。

それに対して、メカニズムよりも感性やひらめきを大切にするアプローチがあります。定型的な手法に落とし込みにくいものの、内なる創造力を喚起するのに役立ち、マーケティングやデザインなどの分野で用いられてきました。

これら2つの流れをうまく統合したのが、いま注目の「デザイン思考」や「フューチャーセンター」です。アイデア発想という行為を、真面目にコツコツと詰めていくものから、みんなでワイワイとポジティブに語り合うものに変身させてくれました。そのお陰で、ビジネスのみならず社会全般のイノベーションへと、活用領域が大きく広がりました。

本書は、そんな100年にわたる先人たちの智恵を、アイデアを生み出す基本ステップに沿って集大成したものです。

「アイデアは既存の要素の新しい組み合わせ」（ジェームス・W. ヤング）と言われており、インプットされた既存の要素の量が発想力を左右します（第Ⅰ章）。一発ホームランを狙うのではなく、ありとあらゆるアイデアを出し尽くして、試行錯誤することが大切です（第Ⅱ章）。

そのためには、既存のアイデアを発展させたり、ひねりを加えたり、新たな視点で考えるのが効果的です（第Ⅲ章）。

そういった作業を支援するシステマティックな手法もたくさん提案されています（第Ⅳ章）。

「これはいけるかも？」という候補が見つかったら、カタチにして本当に使えるか検証します（第Ⅴ章）。そうやってブラッシュアップを繰り返した後に、最終的な採否を判断することになります（第Ⅵ章）。

アイデア発想に役立つフレームワーク（原理・モデル・視点といった考え方の枠組み）を流派を問わずに挙げると68項目・170種にもなりました。先人たちの智恵と努力には本当に頭が下がります。

項目ごとに関連する技法を複数紹介していますが、すべてを覚える必要はありません。普段から持ち歩いて、発想に行き詰まったときにパラパラとめくり、新たな切り口を発見するのに活用していただければ幸いです。いろいろ試してみて、自分流を見つけるのにお役立てください。

いくら理詰めで考えても現状を打破するブレークスルーは生まれません。戦略策定、マーケティング、問題解決、組織運営、合意形成、教育学習など、ありとあらゆる分野で発想力が問われています。

さまざまな困難と複雑な問題を山のように抱えた今ほど、個人にも組織にも社会全体にも、イノベーションが求められる時代はありません。アイデア発想フレームワークを身につけ、「アイデアの時代」を力強く生きていきましょう！

2014年8月

堀 公俊

目次

第Ⅰ章　情報収集のフレームワーク

第Ⅱ章　自由発想のフレームワーク

第Ⅲ章 視点転換のフレームワーク

第Ⅳ章 発想支援のフレームワーク

第Ⅴ章 試作検証のフレームワーク

第Ⅵ章 評価決定のフレームワーク

本文DTP……リリーフ・システムズ

本書の構成

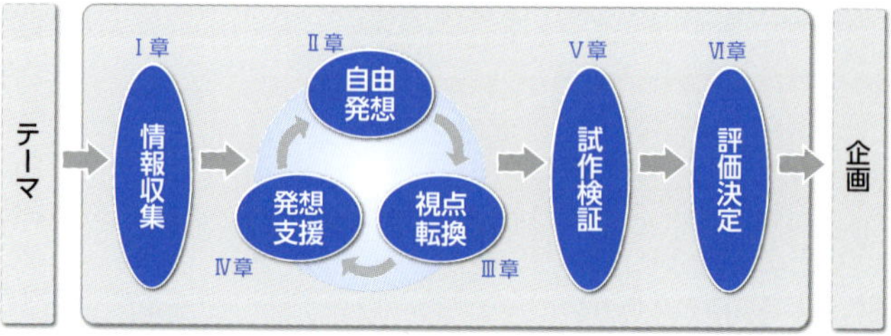
テーマ
Ⅰ章
情報収集
Ⅱ章
自由発想
Ⅲ章
視点転換
Ⅳ章
発想支援
Ⅴ章
試作検証
Ⅵ章
評価決定
企画

第Ⅰ章 情報収集のフレームワーク	●新しいネタを幅広く仕入れたいときに ●ホンネや情報を取材して引き出したいときに ●環境の構造や変化を読み解きたいときに
第Ⅱ章 自由発想のフレームワーク	●アイデアをとにかくたくさん出したいときに ●枠を外してアイデアを膨らませたいときに ●多くのメンバーで対話を深めたいときに
第Ⅲ章 視点転換のフレームワーク	●強制的にでもアイデアを発想したいときに ●アイデアにひねりを加えて発展させたいときに ●そもそもの課題や前提を捉え直したいときに
第Ⅳ章 発想支援のフレームワーク	●たくさんのアイデアを整理・統合したいときに ●システマティックなやり方で発想したいときに ●より高い視点から問題を考え直したいときに
第Ⅴ章 試作検証のフレームワーク	●アイデアをブラッシュアップしたいときに ●不具合や疑問点がないか検証したいときに ●アイデアの魅力を周囲と共有したいときに
第Ⅵ章 評価決定のフレームワーク	●アイデアごとの特徴や個性を把握したいときに ●納得できるやり方でプランを選びたいときに ●合意した事項を確実に実行させたいときに

本書で紹介したフレームワークの大半は、研究者やコンサルタントたちが人や集団の創造性を高めるための枠組みとして開発や提唱をしてきたものです。開発された方々の知恵と努力に深く敬意を表します。

第 I 章

情報収集のフレームワーク

1 カラーバス

テーマを持って対象と接する

特定のテーマを意識することで、関連する情報が無意識のうちに目につくようになります。しっかりとした課題を持って現場に足を運ばないと必要な情報は手に入りません。

基本のカタチ カラーバス（Color bath）とは「色を浴びる」という意味です。何かを意識することで、関連する情報が無意識に飛び込んでくる現象を指します。

たとえば、「今日のテーマカラーは赤」と決めて街を歩くと、普段は気づかない赤いものがたくさん目に飛び込んできます。人は客観的に物事を見ているのではなく、見たいものを主観的に見ているわけです。これを**知覚の選択性**と呼び、色以外でも同じ現象が起こります。

情報集めで大切なのは、漫然と対象を眺めるのではなく、**課題、目標、関心といったテーマ（問題意識）をしっかりと持つ**ことです。そうやって、顧客に接したり、街や自然の中を歩いたりすれば、驚くほど豊かな情報が得られるはずです。

応用のヒント カラーバス効果の強さは人によって異なり、意識が違えば、同じものを見ても違うものに気づきます。対象の観察が終わった後で、互いが発見したものを分かち合う**観察報告会**を持つことが大切です。**安易に意味づけをせずに、情報と知覚の共有から段階的に深めていきましょう。**

一方、知覚の選択性は悪いほうに作用することがあります。「○○のはずだ」と仮説を持つと、それを肯定する情報ばかりに目が行き、否定する材料が見えにくくなってしまうのです。**驚きと疑問**（→P12）などのフレームワークを併用し、できるだけ虚心坦懐に見ることが意外な発見につながります。

●意識をすれば情報が飛び込んでくる

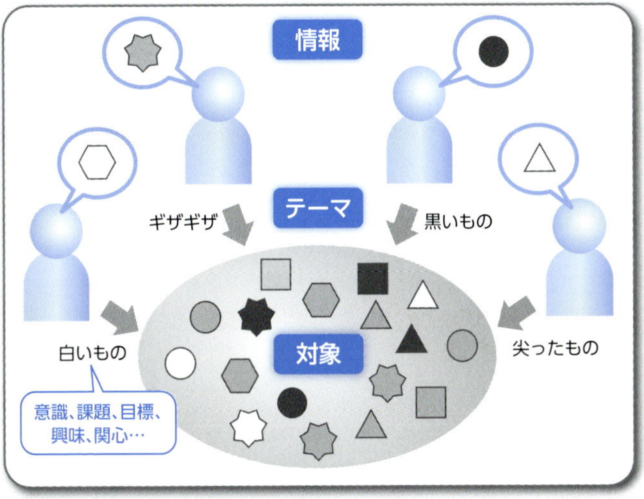

情報
テーマ
ギザギザ
黒いもの
白いもの
尖ったもの
対象
意識、課題、目標、
興味、関心…

●みんなで発見を分かち合おう

Step 1
情報の共有
Information
物語を語る
と伝わる
対象を観察して発見
した事実やそのときの
体験を分かち合う
Step 2
感情の共有
Emotion
発見に際してどのように
感じたか、心理や感情を
分かち合う
Step 3
意味の共有
Meaning
意味づけを
あせらない
どのように解釈すれば
よいか、意味や分析を
分かち合う
Step 4
方針の共有
Policy
アイデアを出す
元になる方針や
仮説を分かち合う

2 変化と兆し

世の中の動きをつかまえる

アイデアのヒントは、変化やその兆しにあります。過去と現在を比較することで世の中の変化の動きをつかまえ、それらを元に未来に向けてのアイデアを考えていきます。

基本のカタチ 直接現場に足を運び、「何」(What)、「どのように」(How)、「なぜ」(Why)しているか、観察・記録することを**フィールドワーク**(または**エスノグラフィー**)と呼びます。その時に、あるものを見つけるだけでなく、変化や兆しを見つけることが発想のヒントとなります。

具体的には、過去にあって今も**変わらずにある**不変のもの、過去にあったのに今は**なくなってしまった**もの、過去になかったのに今はある**新しく現れた**もの、過去になく今にもない**まだ現れない**未知のものを調べるのです。

さらに「なぜなくなった(現れた)のか？」理由を探ると、そこに世の中の大きな変化の波が見えてきます。**ミクロな変化はマクロな変化を示す格好のサインでもある**のです。

応用のヒント 情報収集では、**五感**(→P14)を研ぎ澄ますのはもちろんのこと、**驚きと疑問**を大切にするようにしましょう。いくらアンテナの感度が良くても「ふ～ん」「たぶん○○だろう」と受け流してしまうと、見つかるものも見つかりません。「あれ、どうして？」「なぜなんだろう？」と常に好奇心を持って対象を眺めることがポイントです。

そんなときに格好の素材となるのが**特異点**です。例外、非常識、特殊例といった、平均や代表から大きく外れた**エクストリーム・ユーザー**を探すのです。**これらは世の中の変化の予兆であることが多く、見逃す手はありません。**

●「変化と兆し」にアイデアのヒントがある

	過去 ○（ある）	過去 ×（ない）
現在 ○（ある）	**変わらずあるもの** 立ち喰いソバ屋／酔っぱらいのオジサン／甲高いアナウンス	**新しく現れたもの** 駅ナカのコンビニ／身障者用のトイレ
現在 ×（ない）	**なくなってしまったもの** 担ぎ屋のオバサン／ポリ容器のお茶／ミドリの公衆電話	**まだ現れないもの** クラウドサービス （アイデアのヒントになりやすい）

●「驚きと疑問」や「特異点」に着目しよう

- いいね ○
- あらら ×（違和感を大切にする）
- へえ～ !
- ん? ?

極端な人	無茶な人	意味不明な人	不思議な人
掟破りな人	マニアックな人	超越している人	矛盾している人

Ⅰ 情報収集
Ⅱ 自由発想
Ⅲ 視点転換
Ⅳ 発想支援
Ⅴ 試作検証
Ⅵ 評価決定

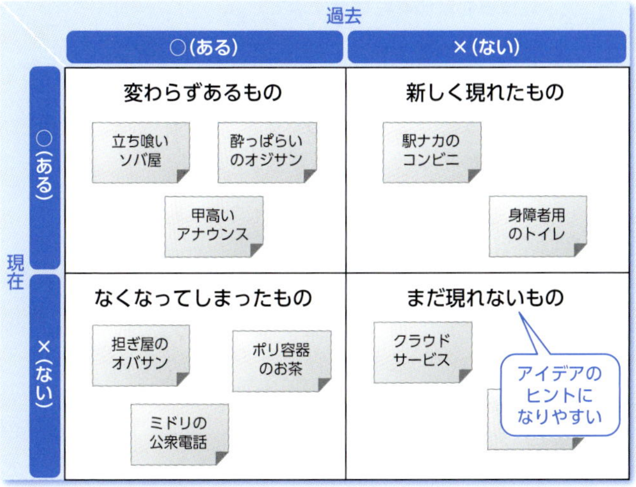

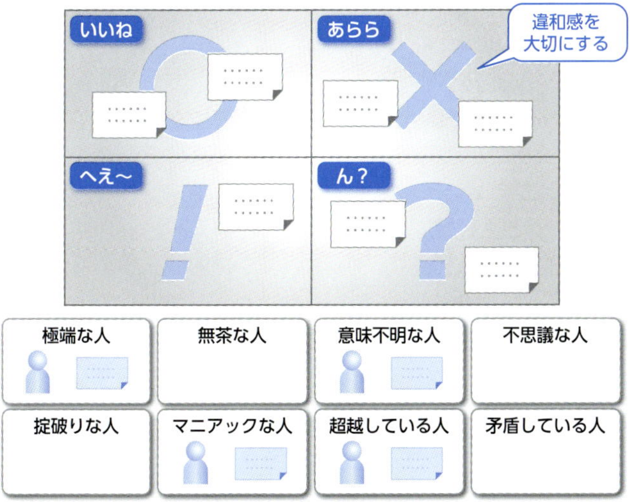

3 共感図法

対象者を共感的に理解する

対象者の人物像を明らかにするために、その人の思考・感覚・言動などをリストアップして整理すれば、あたかも本人のように共感的に理解できるようになります。

基本のカタチ 他人を理解するには、同じ経験をして同じ感覚を味わうのが一番です。S. マシューズが考案した**共感図法**は、対象者（顧客や重要な利害関係者）の人物像を浮かび上がらせ、当人への理解や共感を深めるのに役立ちます。

たとえば、対象者を知っている複数のメンバーが集まり、その人が感じていることや言っていることなどを出し合い、マップにして整理していきます。項目が多すぎる場合は、**発言・思考・行動・感情**の4つで考えるのでもOKです。

そうすると、**短時間で人物像が明らかになり、体感的に理解できるようになります。**うまくすると「○のときは△するかな？」と、本人になりきって考えられるようになります。

応用のヒント 共感図法は逆の使い方もできます。**フィールドワーク**（→P12）で集めた情報を総合して**空想のキャラクター**をつくって、イメージを共有しやすくするのです。

いずれにせよ、ポイントは**五感**（視覚、聴覚、嗅覚、味覚、触覚）を駆使して情報収集すること。感覚を総動員しないと、本当の意味で何が起こっているか理解できません。

たとえば、ユーザー観察やタウンウォッチングなどでは、どうしても視覚に偏りがちになります。ところが目をつぶってみると、いろんな音が聞こえ、微妙な空気の動きやかすかな匂いが感じられるはず。**意識的に五感を切り替えることで、普段意識しない発見が得られます。**

●対象者の感覚を疑似体験してみる

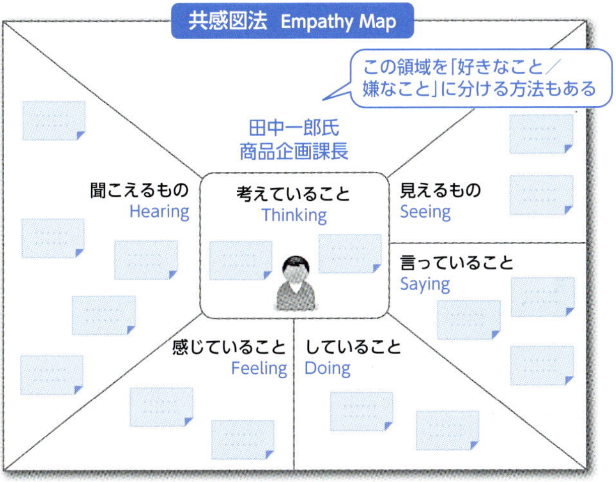

共感図法 Empathy Map
この領域を「好きなこと／嫌なこと」に分ける方法もある
田中一郎氏
商品企画課長
聞こえるもの
Hearing
考えていること
Thinking
見えるもの
Seeing
言っていること
Saying
感じていること
Feeling
していること
Doing

●感覚を総動員して情報を集める

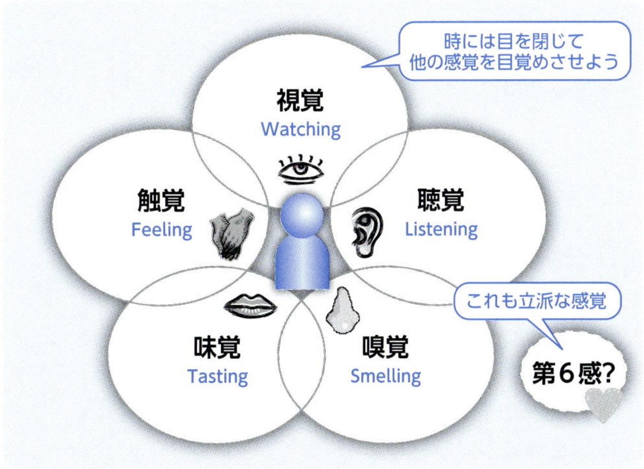

時には目を閉じて
他の感覚を目覚めさせよう
視覚
Watching
触覚
Feeling
聴覚
Listening
味覚
Tasting
嗅覚
Smelling
これも立派な感覚
第6感?

4 ロールプレイング

異なる立場の人を演じる

現場に足を運び、いつもとは違う立場の役割を実際に演じてみれば、対象者が体験していることが体感的に味わえ、普段は気づかない新たな情報を得ることができます。

基本のカタチ 手塚治虫の作品に『七色いんこ』というものがあります。老若男女を問わず、どんな役でもこなす代役専門の舞台俳優（実は泥棒）が活躍する漫画です。それを元に加藤昌治が名づけたのが**七色いんこ**方式の情報収集術です。一般的には、**ロールプレイング**（役割演技）と呼びます。

漫画の主人公よろしく、**誰かの立場になりきって、その人が何を見て何を感じているか、疑似体験してみよう**というものです。たとえば、背を低くして子どもの目線になって歩く、店員の立場になって大声で売り込みをしてみる、上司のイスに座ってみて部下を眺めまわしてみる、といった具合に。

異なる人の目線に立つには、体感してみるのが一番。視点を強制的に転換させることで、新たな気づきが得られます。

応用のヒント ロールプレイングは、情報収集のみならず発想やアイデア表現でも使え、他に**アズ・イフ**（→P78）や**インプロ**（→P134）などの手法に応用されています。本格的にやりたいときは、**PDCA**（Plan→Do→Check→Action）のサイクルで進めていきます。役に入りにくい場合は、どんなキャラクターなのかを書いた役割シートを活用します。

七色いんこをする際に、左利きの人、障がい者、妊婦、外国人、疾病者といった、**マイノリティ（社会的弱者）の立場を演じてみる**のも一法です。普段の生活では絶対に気づかない新たな発見が得られること請け合いです。

●いろんなキャラクターを体験してみよう

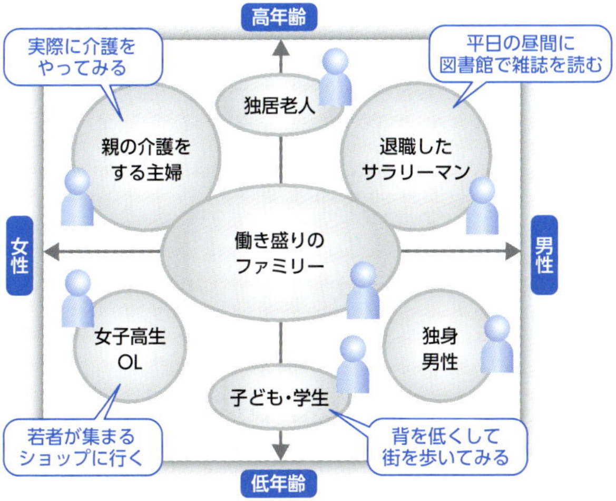
高年齢
低年齢
女性
男性
独居老人
親の介護をする主婦
退職したサラリーマン
働き盛りのファミリー
女子高生 OL
独身男性
子ども・学生
実際に介護をやってみる
平日の昼間に図書館で雑誌を読む
若者が集まるショップに行く
背を低くして街を歩いてみる

●ロールプレイングの正式な進め方

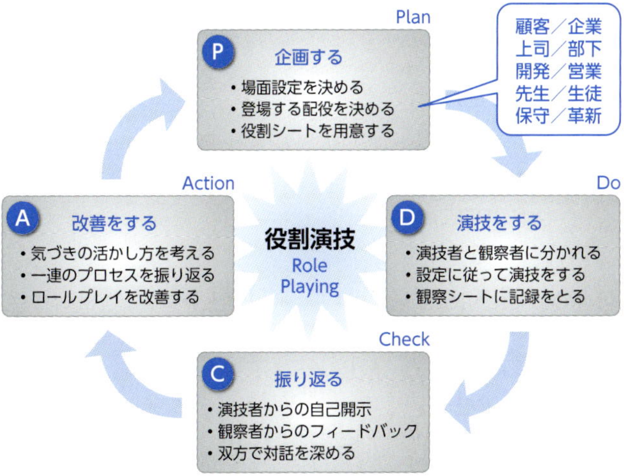
Plan
P 企画する
・場面設定を決める
・登場する配役を決める
・役割シートを用意する
顧客／企業
上司／部下
開発／営業
先生／生徒
保守／革新
Do
D 演技をする
・演技者と観察者に分かれる
・設定に従って演技をする
・観察シートに記録をとる
Check
C 振り返る
・演技者からの自己開示
・観察者からのフィードバック
・双方で対話を深める
Action
A 改善をする
・気づきの活かし方を考える
・一連のプロセスを振り返る
・ロールプレイを改善する
役割演技
Role Playing

5 フィールド・インタビュー

対象者から情報を引き出す

現場で対象者に直接会って、相手の反応や答え方をつぶさに観察しながら、さまざまなタイプの質問を駆使して情報を引き出し、事実やホンネを集めていきます。

基本のカタチ 記者になったつもりで、対象者から直接生の情報を引き出すのが**インタビュー**です。どちらかといえば受動的な観察に対し、能動的に情報が得られる点がありがたいです。それだけにインタビューする側の質問力が問われます。

質問は、**開いた（オープン）質問**と**閉じた（クローズド）質問**に大きく分けられます。前者は、「何を」「誰が」「いつ」「どこで」「なぜ」「どのように」といった、回答者が比較的自由に答えられる質問で、話が広がっていく方向に進みます。

後者は、「○○ですか？」「3つのうちで選ぶなら？」「5段階でいえばどれくらい？」といった、回答の範囲を限定する質問で、話が収束する方向に進みます。**片方だけだといずれ行き詰まり、両者をうまく使い分ける**ことが質問のコツです。

応用のヒント 事実（本当にあったこと：**客観的事実**）やホンネ（本当に思っていること：**心理的事実**）を集めないと、インタビューをする意味がありません。ところが、多くの話し手は、相手の期待に応えたいと話を誇張したり（**歪曲**）、当たり前だと思って詳しい説明を省いたり（**省略**）、個別の話を全体に適用したりする（**一般化**）傾向があります。

それらを排除するには、**相手の反応の中から言外のメッセージを読み取る**「聴く力」と「観る力」が求められます。**グループ・インタビュー**（→P20）と同様、質問者の反応によって回答が変わってくることにも注意を払う必要があります。

●フィールド・インタビューで使える質問の技法

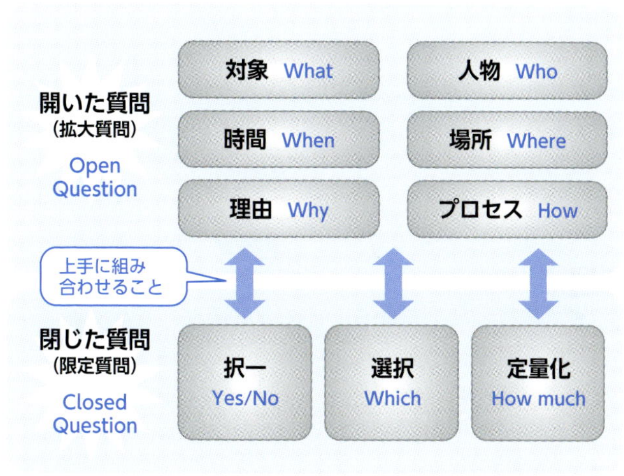
開いた質問
(拡大質問)
Open Question
対象 What
人物 Who
時間 When
場所 Where
理由 Why
プロセス How
上手に組み合わせること
閉じた質問
(限定質問)
Closed Question
択一 Yes/No
選択 Which
定量化 How much

●インタビューの落とし穴に気をつける

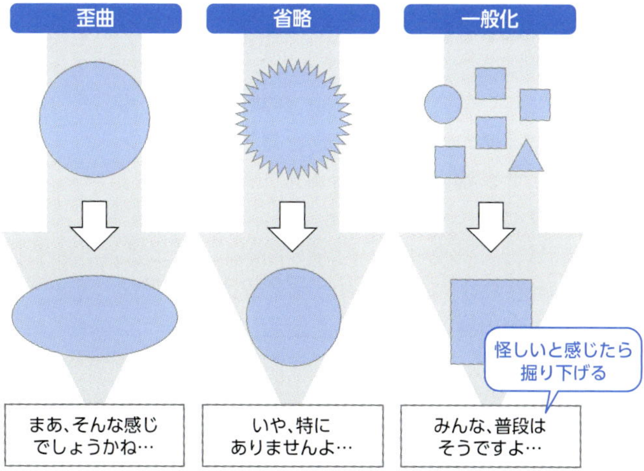
歪曲
省略
一般化
怪しいと感じたら掘り下げる
まあ、そんな感じでしょうかね…
いや、特にありませんよ…
みんな、普段はそうですよ…

6 グループ・インタビュー

対話の中から心理をつかむ

テーマに関して自由に対話する対象者を観察する中で、表面的な定量調査では得られない深い情報や、行動・選択の裏にある深層心理を読み解いていきます。

基本のカタチ 調査には大きく分けて**定量調査**と**定性調査**があります。前者は、アンケート調査のように、大量のデータを集めて統計的に分析するものです。それに対して後者は、少数の人を対象に行動や選択の裏にある意識を探るもので、**グループ・インタビュー**（グルイン）はその代表選手です。

グループ・インタビューでは、調査対象者（フォーカス・グループ）を数名ずつ集め、ファシリテーターのリードに従って対話を進めてもらいます。通り一遍のアンケートではつかめない**深い情報が得られるとともに、対象者同士の相互作用で思わぬホンネやアイデアが飛び出す**ことがあります。それらを場外の観察者が記録をして、後で分析に活かします。

応用のヒント グルインの成否は、ファシリテーターの舵取りにかかっているといっても過言ではありません。そもそもインタビューは、対象者の発言をどれくらいコントロールするかによって、**構造化、半構造化、非構造化**の3つの形式に分けられます。グルインで用いるのは主に半構造化インタビューで、質問の後の攻め方がポイントとなります。

見知らぬ者同士が席を同じにするグルインでは、遠慮、同調、牽制などの**集団圧力**が働きがちになります。そのため、言っていることと心で思っていることのギャップ（**ダブルメッセージ**）が生まれやすくなります。**ファシリテーターには、心理戦を読み取って適切に対処する力が求められます。**

●グループ・インタビューで潜在意識を探る

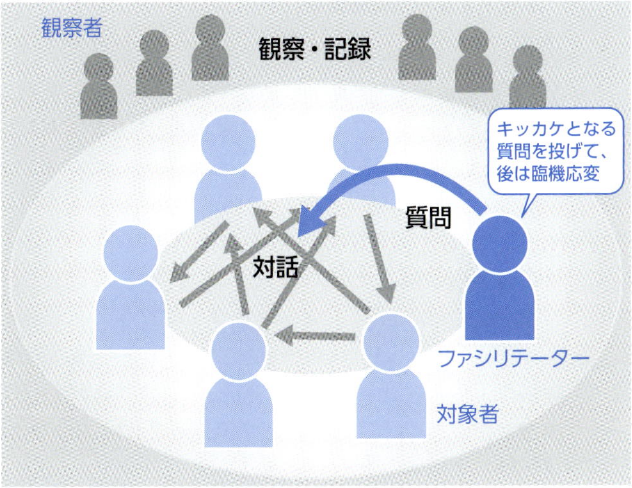
観察者
観察・記録
キッカケとなる
質問を投げて、
後は臨機応変
質問
対話
ファシリテーター
対象者

●3つのインタビュー技法を使い分ける

技法	進め方と実践例
構造化	アンケートのように一問一答で質問に答えてもらう。短い時間で必要な情報が得られ、統計的にも処理しやすい。 Q:週に平均して何時間くらい働いていますか？ A:おおよそ45時間くらいでしょうか。 Q:有給休暇は毎年どれくらい取得されていますか？
半構造化	おおよその質問項目を用意しておいて、回答に応じてさらに突っ込んだ質問をしていく。 Q:今までの仕事の中で最高の体験は何ですか？ A:10年前、プロジェクトリーダーをやった時に… Q:それはすごい！　その時は、どんな気持ちでしたか？
非構造化	質問内容を決めずに語ってもらい、回答者の会話との中から本人が意識しない心理を読み取っていく。 Q:最近、調子はどうですかね？ A:相変わらずですよ。もう会社でも古株ですから… Q:と、おっしゃいますと？

7 ブラウジング

メディアから情報を得る

さまざまな情報メディアが備えている特性を使い分け、手際よく情報集めをするテクニックを駆使すれば、広範な情報を効率的に集められるようになります。

基本のカタチ 新聞・雑誌・書籍をはじめとする活字メディアはまさに情報の宝庫。大量の情報がコンパクトに凝縮されており、パラパラと眺めている（**ブラウジング**する）だけでも、いろんな情報が頭の中に蓄積されていきます。**専門家が取材・編集しており、信頼性が高い**のもありがたいです。

一方、ウェブサイトやSNSといったインターネット経由の情報は、自分が必要な情報に素早くアクセスでき、手軽に加工や編集ができるのが利点です。ただし、信頼性が怪しい情報も多く、情報を見極める力が求められます。

集めた情報は**コンテクストマップ**（→P24）や**タイムライン**（→P26）を使って整理すると分かりやすくなります。

応用のヒント 検索技術が駆使できるデジタル・メディアと違い、活字メディアは、必要な情報にたどりつくのに時間がかかります。それを補うための方法の1つが**フォトリーディング**です。1秒に1ページ程度の速さで、開いたページの全体像を写真を撮るようにイメージとして取り込む速読術です。

情報の信頼性を見極めるには、情報の次元と発信元の改変に注意を払う必要があります。生情報（事実）からどれくらい伝聞が繰り返されてきたか、その都度どれくらい発信元が自分の解釈・判断・見解などを加えたか、を見極めないといけません。**メディアリテラシー**（メディア活用能力）がないと、とんでもない情報に踊らされるハメになるので要注意です。

●バランスよく情報メディアを使いこなそう

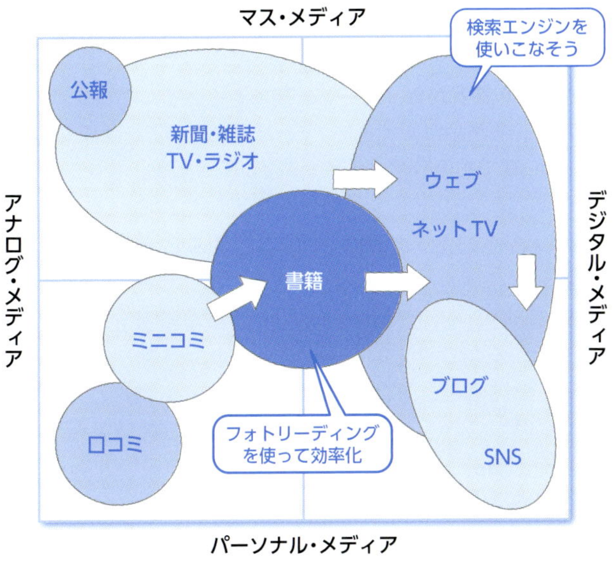
マス・メディア
検索エンジンを
使いこなそう
公報
新聞・雑誌
TV・ラジオ
ウェブ
ネットTV
アナログ・メディア
デジタル・メディア
書籍
ミニコミ
ブログ
口コミ
フォトリーディング
を使って効率化
SNS
パーソナル・メディア

●次元を考えて情報収集を進める

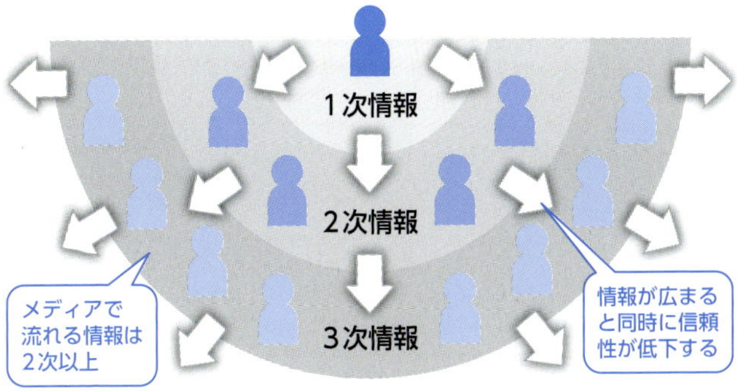
1次情報
2次情報
3次情報
メディアで
流れる情報は
2次以上
情報が広まる
と同時に信頼
性が低下する

8 コンテクストマップ

外的な要因を洗い出す

不確定な要素も含め、テーマを取り巻くマクロな情報(外部環境要因)を洗い出すことで、テーマの全体構造が理解でき、メンバー間で共通の認識を持つことができます。

基本のカタチ 現場で**ミクロな情報**を集めることも大切ですが、テーマを取り巻く状況がどのようになっているのか、どんな要因に影響を受けているのか、**マクロな情報**も忘れてはなりません。そこで活躍するのが**コンテクストマップ**です。

一例を挙げると、外的な要因やトレンドを視点ごとに洗い出して整理していきます。その際に、**PEST**(ペスト)(政治：Politics、経済：Economics、社会：Society、技術：Technology)の切り口で考えるとうまくいきます。テーマによっては、環境(Ecology)や文化(Culture)を加える場合もあります。

これらの要因がリストアップできたら、要因同士に関連性やつながりがないかを調べてみましょう。そうすれば**世の中の大きな流れや構造的な変化が見えてきます**。

応用のヒント PEST以外には、**4C**(構成要素：Components、特徴：Characteristics、人物：Characters、課題：Challenges)も情報の整理に役立つ切り口です。視点を決めずに、思いつくものを自由に挙げながら整理していく方法もあり、**マインドマップ**(→P44)を使うと便利です。

要因の中には、起こるかどうか分からないものもあります。こういった**不確定な要因も忘れずに挙げておかないと、後で足元をすくわれかねません**。集めた要因にどれくらいの**インパクト(影響力)と不確実性**(→P137)があるかを検討しておくことで、さらに分析が深まります。

●PESTで外部環境要因を洗い出す

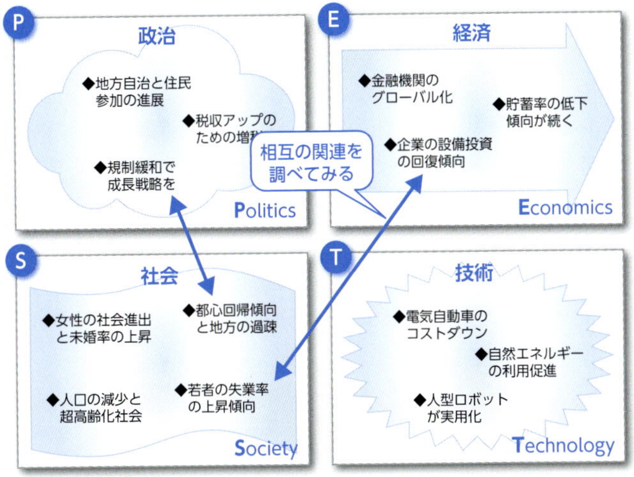
P
政治
◆地方自治と住民参加の進展
◆税収アップのための増
◆規制緩和で成長戦略を
Politics
E
経済
◆金融機関のグローバル化
◆貯蓄率の低下傾向が続く
◆企業の設備投資の回復傾向
Economics
相互の関連を調べてみる
S
社会
◆女性の社会進出と未婚率の上昇
◆都心回帰傾向と地方の過疎
◆人口の減少と超高齢化社会
◆若者の失業率の上昇傾向
Society
T
技術
◆電気自動車のコストダウン
◆自然エネルギーの利用促進
◆人型ロボットが実用化
Technology

●マインドマップでマクロ情報を整理する

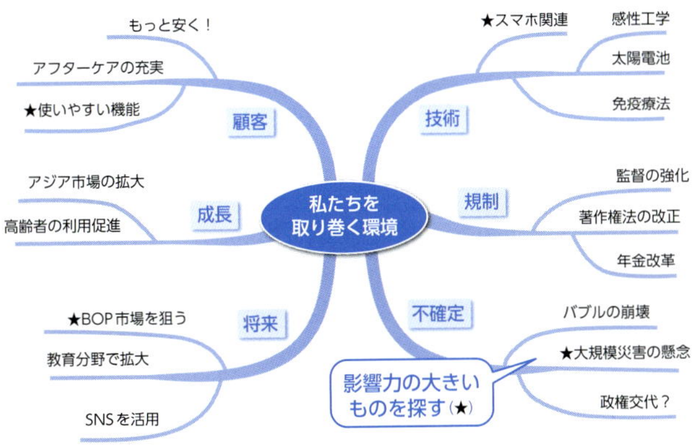
私たちを取り巻く環境
顧客
もっと安く！
アフターケアの充実
★使いやすい機能
成長
アジア市場の拡大
高齢者の利用促進
将来
★BOP市場を狙う
教育分野で拡大
SNSを活用
技術
★スマホ関連
感性工学
太陽電池
免疫療法
規制
監督の強化
著作権法の改正
年金改革
不確定
バブルの崩壊
★大規模災害の懸念
政権交代？
影響力の大きいものを探す(★)

9 タイムライン
時系列に情報を整理する

過去を振り返るために、起こった出来事を時系列に並べ、そこから共通のパターンや大きなトレンドを読み取ります。そうすることで長いスパンでの構造の変化が見えてきます。

基本のカタチ 過去を振り返ることは、未来を考えるための格好の材料を提供してくれます。過去に起こった出来事を時系列に並べていき、大きなトレンドや変化の波を読み取ろうというのが**タイムライン**（年表）の狙いです。

一例を挙げると、**世界**（Global）、**地域・組織**（Local）、**個人**（Personal）の3つの観点で過去の出来事をリストアップしていきます。さらに3つを比較して、**繰り返されているパターンがないか、相互がどのように関わっているか、大きなトレンドが読みとれないか**、などを考察していきます。

さらに詳しく分析したいときは、PEST（ペスト）（→P24）をはじめとする環境分析のフレームワークを併用します。

応用のヒント タイムラインに社会指標などのデータを加えると、出来事がどのように影響を受けた（与えた）かが分かりやすくなります。写真や絵を加えた**ヒストリーマップ**をつくると、トレンドを直観的に把握しやすくなります。個人を対象につくるのも面白く、**ジャーニーマップ**と呼びます。

タイムラインは時系列に情報を分析するものですが、**空間的に整理することで見えてくる**ものもあります。たとえば、集めた情報を**地図**（マップ）に貼り付ければ、全体の構造が把握しやすくなります。こんなふうに、集めた情報をうまく整理することで、情報相互の関係性や情報の底に流れている、本質的なマクロ情報が浮かび上がってくるわけです。

●過去の出来事からトレンドを読み取る

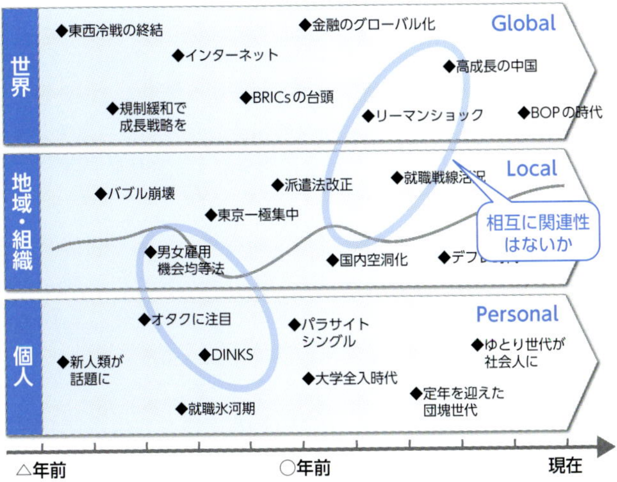
世界
◆東西冷戦の終結
◆金融のグローバル化
Global
◆インターネット
◆高成長の中国
◆BRICsの台頭
◆規制緩和で
成長戦略を
◆リーマンショック
◆BOPの時代
地域・組織
Local
◆派遣法改正
◆バブル崩壊
◆東京一極集中
相互に関連性
はないか
◆男女雇用
機会均等法
◆国内空洞化
個人
Personal
◆オタクに注目
◆パラサイト
シングル
◆ゆとり世代が
社会人に
◆新人類が
話題に
◆DINKS
◆大学全入時代
◆定年を迎えた
団塊世代
◆就職氷河期
△年前
○年前
現在

●マップを使って情報を整理する

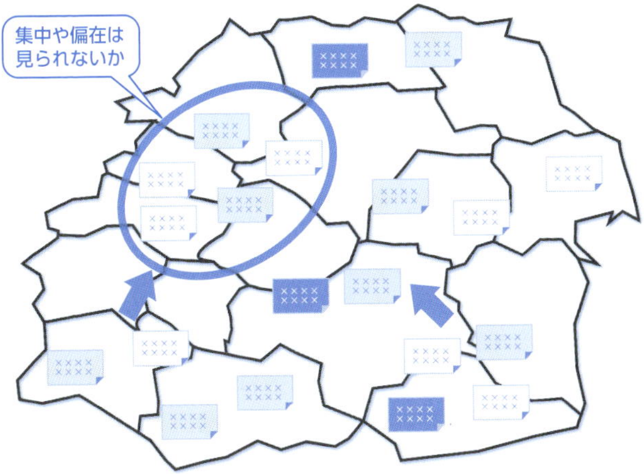
集中や偏在は
見られないか

10 リッチピクチャー

問題の構造を明らかにする

絵、図表、文章などを織り交ぜて問題を表現すると、問題に絡む個々の要因だけではなく、要因同士の関係性が分かるようになり、問題の構造が把握・共有しやすくなります。

基本のカタチ 私たちが扱う多くの問題は、多数の要因や利害関係者が絡み合った複雑な問題です。それを短い言葉で表すのは無理があり、絵、図表、文章などを織り交ぜて表現すると、問題に対する認識が共有しやすくなります。たっぷりと絵を使うことから、**リッチピクチャー**と呼びます。

集めた情報を元に、テーマに関わる人物や設備などを配置すればよく、手書きでもOKです。それらを矢印で結んで関係を表し、漫画のように台詞を入れて、各々の立場から見た世界観を表現します。できるだけたくさん書き込みながらも完璧を目指そうとせず、**問題の構造、問題が生まれるプロセス、問題を生み出す土壌などを明らかにしていきます。**

応用のヒント リッチピクチャーはP. チェックランドが開発した**ソフトシステムズ方法論**(SSM)と呼ばれる問題解決手法の中で使われるツールの1つです。単純明快に定義できる問題の効率的な解決策を見つけ出す**ハードアプローチ**とは違い、構造的(関係的)な問題に対して、互いに折り合いのつく解決策を合意しようというのが**ソフトアプローチ**です。

私たちは、問題を前にしたときに、どうしても「なぜ？」と考えて原因を探したくなります。ところが**問題によっては、個別の要因ではなく、要因同士のつながりに原因がある**場合もあります。情報収集においては、**個**だけではなく個と個の**関係性**を見る視点も必要となってくるわけです。

●リッチピクチャーで問題に対する共通認識をつくる

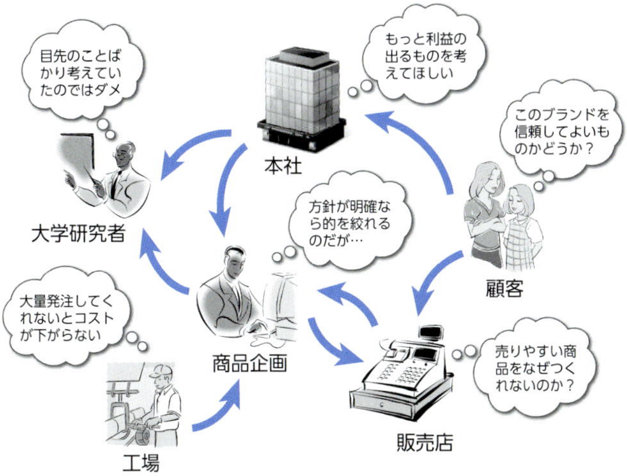
目先のことばかり考えていたのではダメ
大学研究者
もっと利益の出るものを考えてほしい
本社
このブランドを信頼してよいものかどうか？
顧客
方針が明確なら的を絞れるのだが…
商品企画
大量発注してくれないとコストが下がらない
工場
売りやすい商品をなぜつくれないのか？
販売店

●ソフトシステムズ方法論（SSM）の流れ

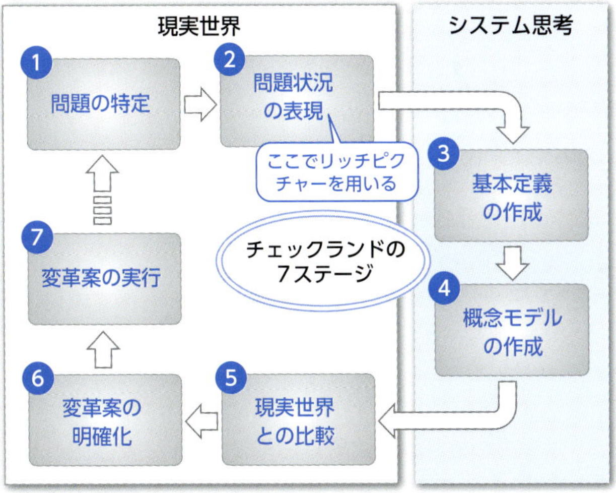
現実世界
システム思考
1 問題の特定
2 問題状況の表現
ここでリッチピクチャーを用いる
3 基本定義の作成
4 概念モデルの作成
5 現実世界との比較
6 変革案の明確化
7 変革案の実行
チェックランドの7ステージ

11 ビジネスモデル分析

価値の仕組みを分析する

活動を通じてどのような価値をどうやって生み出しているのか、ビジネスの仕組みを分析することは、新たなモデルを検討する際に示唆に富んだ情報を与えてくれます。

基本のカタチ 新しい商品やサービスを考える際に、既存の事業がどんな仕組みで成り立っているか、**ビジネスモデル分析**をしておくことは大変有用です。A. オスターワルダーらの**ビジネスモデルキャンバス**はそのための優れたツールです。

ここでは、顧客セグメント、価値提案、チャネル、顧客関係、収益の流れ、リソース、主要活動、パートナー、コスト構造の順番で、9つの視点にわたりビジネスの仕組みを分析していきます。しかも、**すべてが1枚のキャンバスに見える化され、一目で理解できる**のが大きな利点です。

キャンバスを見ながら、本当の顧客や価値は何なのか、真の強みや弱みがどこにあるのか、どのようにビジネスモデルを革新できるのかを考えていくようにします。

応用のヒント 企業の儲けの仕組みを分析するビジネスモデルキャンバスに対して、顧客の視点に立ってステークホルダー（利害関係者）間の価値の流れを分析するのが**CVCA**（Customer Value Chain Analysis: 顧客価値分析）です。

ここで言う価値は、商品と対価（お金）だけではなく、サービス、情報、心理（幸福、安心、満足）などすべての価値を含みます。**ステークホルダーの間で受け取る価値にアンバランスがあると、そのビジネスモデルは長続きせず**、何らかの改革が必要です。アイデア出しの切り口を探索するのにも、ビジネス仮説の検証にも使える便利なツールです。

●一目で分かるビジネスモデルキャンバス

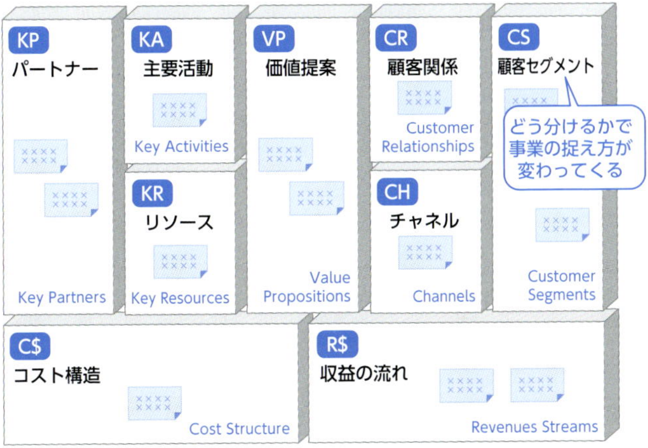
KP
パートナー
Key Partners
KA
主要活動
Key Activities
KR
リソース
Key Resources
VP
価値提案
Value Propositions
CR
顧客関係
Customer Relationships
CH
チャネル
Channels
CS
顧客セグメント
どう分けるかで事業の捉え方が変わってくる
Customer Segments
C$
コスト構造
Cost Structure
R$
収益の流れ
Revenues Streams

●CVCAで価値の連鎖を調べる

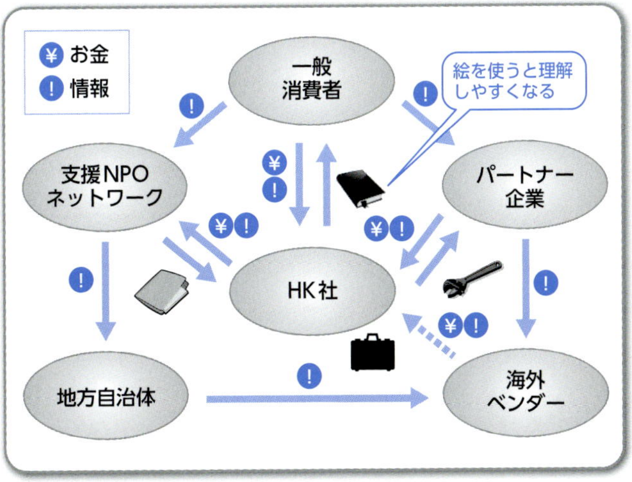
¥ お金
! 情報
一般消費者
絵を使うと理解しやすくなる
支援NPOネットワーク
パートナー企業
HK社
地方自治体
海外ベンダー

Coffee Break

ドリームチームをつくれば強くなる？

アイデアが出せる人と出せない人の差は大きいものがあります。ブレストでいえば、2〜10倍ものアイデア量の違いがあり、当然たくさん出せる人のほうが質も高くなります。

だったら、アイデアを出せる人だけを集めれば、世間をアッと言わせる素晴らしいアイデアが飛び出すのでしょうか。そうとも言い切れないのが発想の奥深いところです。

同質な考え方をする人を集めれば、異質な人を集めるよりも平均点は上がります。ところが、異質なチームのほうがアイデアの幅が広がり、ロクでもないアイデアも増える反面、奇抜なアイデアが生まれやすくなります。個人の力も大切ですが、「多様性」が「創造性」を生み出すのです。

たとえば、デザイン思考の火付け役となったIDEO（アイディオ）社では、8つの風変わりな個性を集めることを推奨しています。預言者、トラブルシューター、因習破壊者、人の心を読む人、職人、テクノロジーマニア、企業家、違うタイプの服を着こなす人の8人です（トム・ケリー他『発想する会社！』）。ここまでやるのは難しくても、いろんなジャンルの専門家を混ぜたり、「異分子」や「ド素人」を入れておけば、発想力向上に役立ちます。

アイデアがそれほど出せない人も、アイデアが出せる人のアシスト役になれば、それも立派な貢献となります。第一、アイデアを出せない人をチームからはずしても、残ったメンバーの中であまり働かない人が出てきてしまいます。アリ社会で見られる「2：6：2の法則」が働くわけです。

私たちはともすると「ヒーロー」や「ドリームチーム」を期待しがちになります。それよりも、手持ちの資源をいかに組み合わせて活用するかを考えるほうが得策ではないでしょうか。

第Ⅱ章

自由発想のフレームワーク

12 ブレーンストーミング

集団でアイデアを発想する

4つのルール（批判厳禁、自由奔放、質より量、便乗歓迎）を守りながら、連想ゲームのように互いの発想をつなげ、短時間にたくさんのアイデアを出していきます。

基本のカタチ A. オズボーンが考案した**ブレーンストーミング**（ブレスト）はアイデア発想法の定番中の定番です。そこで定められた4つのルールは発想の黄金律であり、アイデアを出すこと自体をブレストと呼ぶ人も少なくありません。

ブレストでは連想ゲームのように芋づる式にアイデアを出していきます。アイデアの連鎖を途切れさせないよう一切のアイデアは**批判厳禁**です。奇抜なアイデアを歓迎して**自由奔放**に発想しながら、**質より量**を目指せば、キラリと光るアイデアが生まれます。量を稼ぐために**便乗歓迎**、つまり既に出たものをヒントにして発想することを奨励します。

応用のヒント ブレストはやり方がシンプルなだけにうまく使いこなすノウハウが必要となります。何人が（who）、いつどれくらいの時間（when）、どんな場所で（where）アイデアを出すか、始める前の**場のデザイン**がものを言います。

さらに、どんなテーマでやるか（what）も重要です。抽象的なテーマよりも、適度な制約がある具体的なテーマのほうが向いています。かといって、「〜か否か？」といった、何かを判断するテーマはふさわしくありません。

ブレストがスタートしたら、**ファシリテーター**（進行役）の舵取りがポイントとなります。4つのルールの監視役をしながら、**プッシュとプル**（→P40）を使って場を盛り上げていきます。出てきたアイデアを記録するのも大切な仕事です。

●ブレーンストーミングの４つのルール

批判厳禁
Defer Judgement

すべてのアイデアは何かの役に立ち、出した時点では評価も批評もしない

ムードづくりがカギ

自由奔放
Encourage Wild Ideas

突拍子もないアイデアを歓迎することで、発想が広がりムードも明るくなる

質より量
Go for Quantity

たくさん出せば発想の枠が外せ、その中に面白いアイデアがある

便乗歓迎
Build on the Ideas of Others

既存のアイデアからヒントを得て、連想ゲームのようにアイデアを広げる

●ブレストをうまく進める10のテクニック

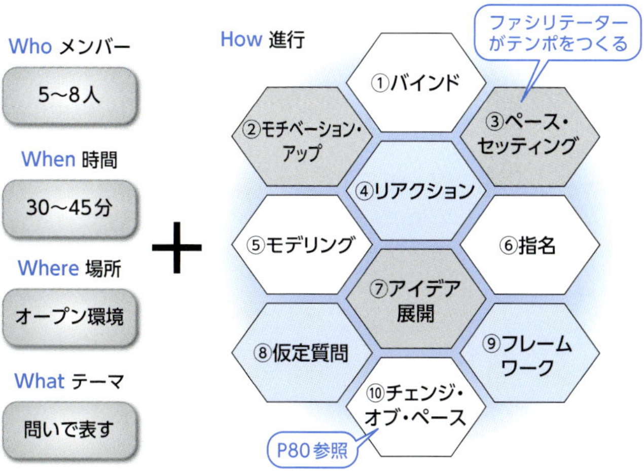

Who メンバー
5〜8人
When 時間
30〜45分
Where 場所
オープン環境
What テーマ
問いで表す
How 進行
①バインド
②モチベーション・アップ
③ペース・セッティング
ファシリテーターがテンポをつくる
④リアクション
⑤モデリング
⑥指名
⑦アイデア展開
⑧仮定質問
⑨フレームワーク
⑩チェンジ・オブ・ペース
P80参照

13 ブレーンライティング

みんなでアイデアを広げていく

集団でアイデアを出す際に、発言をする代わりに回覧されるシートに各自のアイデアを記入していき、1人で考えながらも全員の協働作業でアイデアを広げていきます。

基本のカタチ みんなでワイワイと自由奔放に発想する**ブレーンストーミング**（→P34）はいかにもアメリカ的な手法です。それが苦手な人には、ドイツ生まれの**ブレーンライティング**が合っています。会話をせずにアイデアを出すことから「沈黙のブレスト」と呼ぶ人もいます。

原則6人のメンバーを集めてテーマを書いたシートを配ります。5分間考えてアイデアを3つずつ記入し、隣の人に回します。シートをもらったら、前の人が書いたアイデアをヒントにして、さらに3つアイデアを書き足します。

これを繰り返すことで、**1人でじっくり考えながらも集団で協働して発想ができます。**6人が3つずつ5分間アイデアを考えて出していくことから**635法**とも呼ばれています。

応用のヒント ブレーンライティングは、**チームの関係性に影響を受けずに一定の成果が出る**のがありがたいです。盛り上がりには欠けますが、誰もが真剣に考えようとします。

シートを改良して個々のアイデアを切り分けられるようにしたり、白紙に付箋を貼りつけたものを使うようにすると、後で整理するときに便利です。アイデアをカード化することから**カードブレーンライティング**と名づけられています。

メンバーが一時にそろわないときは、ノートにアイデアを書いて回覧していく方法（**ノートブレーンライティング**）もあります。多彩なアレンジができるのも、この手法の魅力です。

●静かに連想をつなげるブレーンライティング

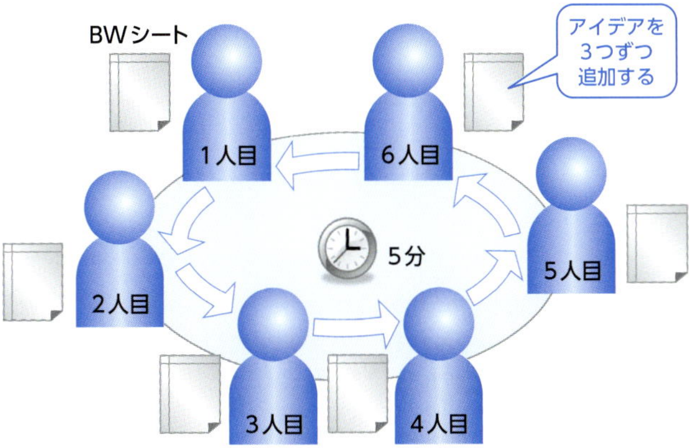
BWシート
アイデアを
3つずつ
追加する
1人目
2人目
3人目
4人目
5人目
6人目
5分

635 6人が3つずつ5分間アイデアを考えて出す

●ブレーンライティングシートの例

テーマ	500mlペットボトル飲料の新商品

	A	B	C
1	お年寄り用 飲料(抹茶)	持ちやすい カタチにする	花瓶になる
2	ベビー用 (粉ミルク)	埋めて地中で 分解する	水を入れて 楽器にする
3	災害時の 緊急用	食べられる ペットボトル	匂いを入れて ストレス解消
4	ペット用の ペットボトル	フタがカップに なるボトル	振ると中味の 色が変わる
5	犬が背負える ようにする	フタがゲームの コマになる	振るとさらに おいしくなる
6	イルカに 装着できる	ペットボトルで 対戦ゲーム	2つの液体が 混じる

前の人の
アイデアを
ヒントに

14 アンチプロブレム

極論で発想の枠を打ち破る

取り組んでいるテーマと正反対の課題の解決策を考えたり、目標のレベルを極端に高くして考えると、既存の枠組みを超えた、新たなアイデアが生まれる契機となります。

基本のカタチ 会議をやっても当たり前のアイデアしか出ず、発想が行き詰まってしまうことがあります。そんなときは、今のテーマと正反対の課題(**アンチプロブレム**)の解決法を考えると、発想の枠を打ち破ることができます。

たとえば、「若い女性がほしがる時計」を考えているとしたら、「若い女性が決してほしがらない時計」でブレストをやってみるのです。集まった最悪のアイデアは使い物になりませんが、**逆をやれば元の課題の解決に役立つかもしれません。**暗黙のうちに諦めていたアイデアや解決を阻む見えない壁に気づくこともあります。ブレストに入る前の**アイスブレイク**(→P80)として使うのも効果的です。

応用のヒント 同様な効果を持つものに**エクストリームプロブレム**があります。「若い女性が100%熱狂する時計」といったように、**目標のレベル(課題の難易度)を10のべき乗倍に変えて発想の制限を壊そう**というものです。さらに「若いゾウがほしがる時計」と不可能なレベルまで上げることもでき、**ミッション・インポッシブル**と呼びます。

私たちは、どうしても固定観念に基づいて一面的なモノの見方をしがちです。思い込みや決めつけを打ち破るには、**仮定、逆転、未来、排他**の4つの視点が役に立ちます。アイデア出しが煮詰まって、ネガティブ・モードになりがちなときは、ポジティブな意味を無理にでも探してみましょう。

●課題の方向性とレベルを変えて発想してみる

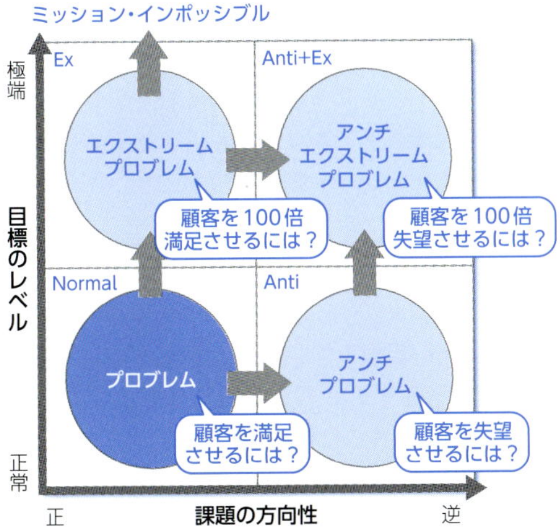
ミッション・インポッシブル
極端
目標のレベル
正常
正
課題の方向性
逆
Ex
Anti+Ex
Normal
Anti
エクストリーム
プロブレム
アンチ
エクストリーム
プロブレム
プロブレム
アンチ
プロブレム
顧客を100倍
満足させるには？
顧客を100倍
失望させるには？
顧客を満足
させるには？
顧客を失望
させるには？

●４つの視点で意味を問い直す

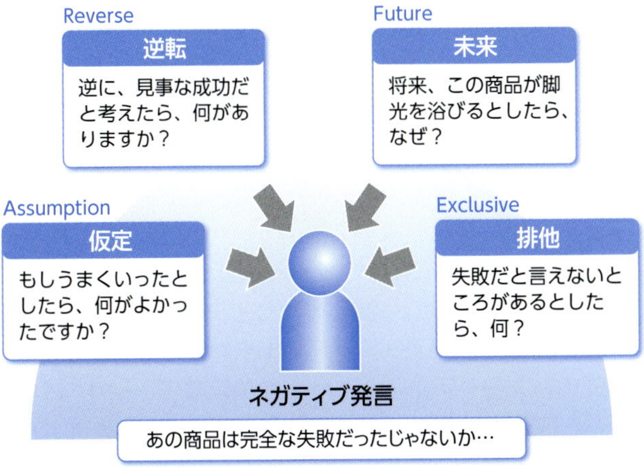
Reverse
逆転
逆に、見事な成功だと考えたら、何がありますか？
Future
未来
将来、この商品が脚光を浴びるとしたら、なぜ？
Assumption
仮定
もしうまくいったとしたら、何がよかったですか？
Exclusive
排他
失敗だと言えないところがあるとしたら、何？
ネガティブ発言
あの商品は完全な失敗だったじゃないか…

15 ゴー・ストップ法

発散と収束を何度も繰り返す

創造的にアイデアを広げる発散思考と、合理的にアイデアを評価・選択する収束思考を何度も繰り返すことで、課題に対する考えが深まっていきます。

基本のカタチ アイデアを練り上げるには、考えを広げていく**発散**のステージと、逆に絞り込んでいく**収束**のステージがあります。いわば前者はゴー(G)で、後者はストップ(S)。それを何度も繰り返すのが**ゴー・ストップ法**です。

たとえば、何か困った問題を抱えていたとしましょう。まずは、**ブレスト**(→P34)を使って徹底的に課題を洗い出し(G)、そこからもっとも重要な課題を抽出します(S)。次に、重要課題に対してどんな戦略や方針で臨むべきか、選択肢をブレストした(G)後に、最適なものを選びます(S)。さらに、可能性のある打ち手を余すことなく出して(G)、もっとも効果の高いものを実行策に採用します(S)。

応用のヒント ここで、課題や条件をインプット、解決策や便益をアウトプットにしてゴー・ストップを繰り返すのが**入出法**です。いずれの場合でも、**一番のポイントは、発散と収束を混ぜないことにあります。**発散しているときは評価や批評は一切やらず、逆に収束のときはアイデアを追加しないよう、ステージをきっちり分けてやることが何より重要です。

ファシリテーターは、発散のステージでは場を盛り上げ、アイデア同士を連鎖させて**創造思考**(→P114)を刺激します。収束のステージでは、クールな**論理思考**(→P114)を駆使して、合理的な評価や決定ができるように促します。**プッシュとプル**をうまく使い分けることが求められるわけです。

●ゴー・ストップで考えを深めていく

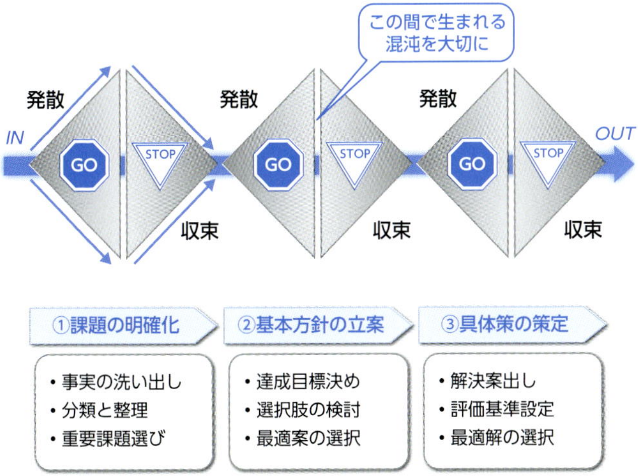
この間で生まれる
混沌を大切に
発散
発散
発散
IN
GO
STOP
GO
STOP
GO
STOP
OUT
収束
収束
収束
①課題の明確化
②基本方針の立案
③具体策の策定
・事実の洗い出し
・分類と整理
・重要課題選び
・達成目標決め
・選択肢の検討
・最適案の選択
・解決案出し
・評価基準設定
・最適解の選択

●ファシリテーションのモードを切り替える

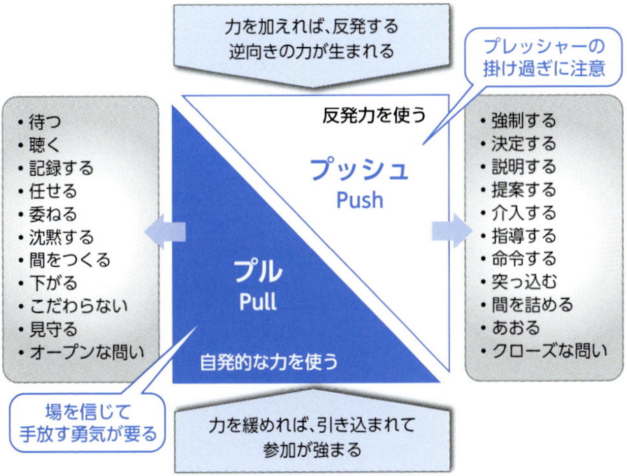
力を加えれば、反発する
逆向きの力が生まれる
プレッシャーの
掛け過ぎに注意
・待つ
・聴く
・記録する
・任せる
・委ねる
・沈黙する
・間をつくる
・下がる
・こだわらない
・見守る
・オープンな問い
反発力を使う
プッシュ
Push
プル
Pull
自発的な力を使う
・強制する
・決定する
・説明する
・提案する
・介入する
・指導する
・命令する
・突っ込む
・間を詰める
・あおる
・クローズな問い
場を信じて
手放す勇気が要る
力を緩めれば、引き込まれて
参加が強まる

16 フィリップス66法

小グループで素早く答えを出す

全体を6人ずつの小グループに分け、6分間集中してブレストをしたり、アイデアの評価・選択をすることで、短時間で密度の濃い検討ができるようになります。

基本のカタチ 大勢で議論をすると、時間がかかる割には個人の参加度合いは高くありません。であれば、小グループに分かれて短時間で集中的に議論したほうが効率的です。これがD.フィリップス考案の**フィリップス66法**の考え方です。

参加者全体を6人ずつの小グループに分けます。各々で6分間**ブレスト**(→P34)をやり、ベストのアイデアを1つ選びます。それらを順番に発表していき、全体で共有します。

さらに、全グループから集めたアイデアの中でどれがベストかを、各グループで6分間討議して決めます。意見が一致しなかったら、支持の高いアイデアを残し、さらにもう1回グループ討議をします。こうやって発案と評価をスピーディに密度濃く進められるのがこの手法の特長です。

応用のヒント 小グループに分けて議論すると、メンバーの参加度がアップする上に、グループ間の対抗意識が芽生えてきます。とはいえ、6人で6分というのは人数面・時間面ともに日本人には厳しく、4人で10分といったように、チームにとって頃合いのよいところを探すようにしましょう。

フィリップス66法と同様に、アイデア出しから取捨選択まで通してやる手法の1つに**ノミナル・グループ・プロセス**があります。小グループに分かれて議論するのではなく、個人検討と全体討議を繰り返すようにデザインされており、全員が平等に話し合えるような場づくりが大切となります。

●6人が6分間話し合うフィリップス66法

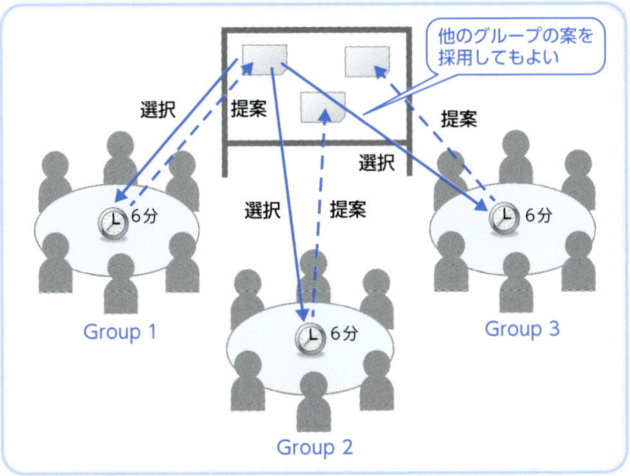
他のグループの案を
採用してもよい
選択
提案
提案
選択
選択
提案
6分
6分
6分
Group 1
Group 2
Group 3

●ノミナル・グループ・プロセスの進め方

沈黙の中で

個人検討	検討するテーマを共有したら、1人でブレストをして、できるだけたくさんのアイデアを手元に書き出す。
アイデア発表	1人ずつ順番にアイデアを発表し、ホワイトボードなどに記録する。全員が出なくなるまで続ける。
全体討議①	ホワイトボードを眺め、内容が理解できないアイデアの説明を求める。アイデアの追加も歓迎する。
優先順位づけ	1人ひとりに採点用紙を渡し、上位5つ程度のアイデアを選び点をつける。休憩中に用紙を集め集計する。
全体討議②	上位5～10個程度を残し、そうなった理由を議論する。採点の妥当性や落としたアイデアの復活を吟味する。
評価・決定	もう一度採点して集計し、得点順にアイデアを並び替える。納得が得られる結果となったかを確認する。

17 マインドマップ

アイデアを自由に拡散させる

樹木のように放射状にアイデアの枝葉を伸ばしていくことで思考プロセスをビジュアルに表現し、発想やイメージを広げると同時に、アイデアを階層的に整理していきます。

基本 のカタチ 太い幹から細い枝へと、樹木が枝を広げるようにアイデアを拡散させていく方法を**関連樹木法**と呼びます。中でも有名なのがT.ブザンの**マインドマップ**です。

検討したいテーマを中央に書き、そこから太い枝を伸ばして、思いついたアイデアやキーワードを短い言葉で記入します。さらに、派生的にアイデアを細い枝で付け足し、まったく異なるアイデアが出たら新たに別の太い枝を伸ばします。

こうしていると、どんどん**アイデアの枝葉が広がっていくと同時に、階層的に整理されて全体像が一目で分かる**ようになります。1人で考えるときに重宝しますが、これで**ブレスト**(→P34)をやると、どんどんアイデアが膨らみます。

応用 のヒント マインドマップではカラフルに楽しく描くことが奨励されています。とはいえ、あくまでも考えるためのツールであり、**美しく描いたり綺麗に分類することが目的ではありません。**どの枝に継ぎ足すか迷うくらいなら、どこでもよいので描いて、どんどん枝葉を伸ばしていきましょう。

マインドマップに慣れない人は、**マンダラ型**で描くことをお勧めします。枝葉の区別をせずに、直感的に近い(類似性あり)と思ったアイデアは近くに寄せて描き、後で大ぐくりに見出しをつけて整理する方法です。**マジックナンバー7**(→P92)の法則が働くことを想定し、6〜8つくらいのカテゴリーをイメージして書くとうまくいきます。

●マインドマップを使うと連想がどんどん広がる

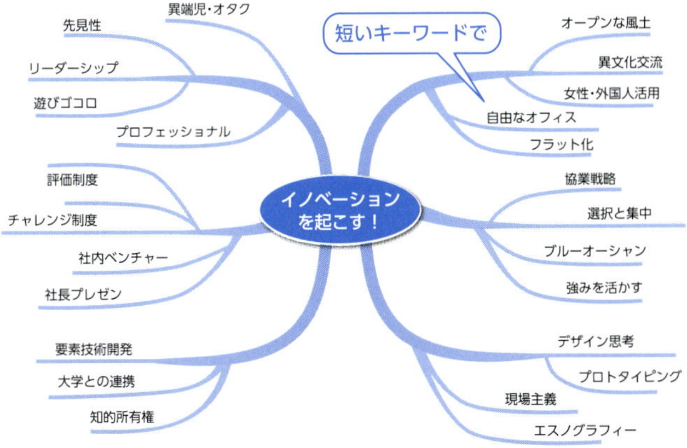
イノベーションを起こす！
短いキーワードで
異端児・オタク
先見性
リーダーシップ
遊びゴコロ
プロフェッショナル
評価制度
チャレンジ制度
社内ベンチャー
社長プレゼン
要素技術開発
大学との連携
知的所有権
オープンな風土
異文化交流
女性・外国人活用
自由なオフィス
フラット化
協業戦略
選択と集中
ブルーオーシャン
強みを活かす
デザイン思考
プロトタイピング
現場主義
エスノグラフィー

●直感的に分けて書くマンダラ型

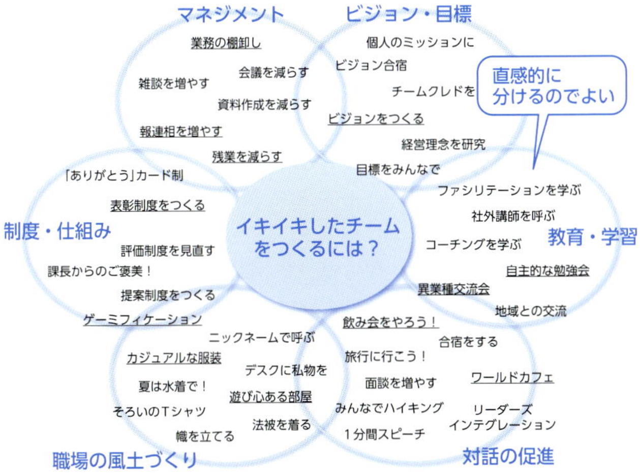
イキイキしたチームをつくるには？
直感的に分けるのでよい
マネジメント
業務の棚卸し
雑談を増やす
会議を減らす
資料作成を減らす
報連相を増やす
残業を減らす
ビジョン・目標
個人のミッションに
ビジョン合宿
チームクレドを
ビジョンをつくる
経営理念を研究
目標をみんなで
制度・仕組み
「ありがとう」カード制
表彰制度をつくる
評価制度を見直す
課長からのご褒美！
提案制度をつくる
ゲーミフィケーション
教育・学習
ファシリテーションを学ぶ
社外講師を呼ぶ
コーチングを学ぶ
自主的な勉強会
異業種交流会
地域との交流
職場の風土づくり
ニックネームで呼ぶ
カジュアルな服装
デスクに私物を
夏は水着で！
遊び心ある部屋
そろいのTシャツ
法被を着る
幟を立てる
対話の促進
飲み会をやろう！
合宿をする
旅行に行こう！
面談を増やす
ワールドカフェ
みんなでハイキング
リーダーズインテグレーション
1分間スピーチ

18 マンダラート

連想の輪を無限に広げる

検討するテーマから8通りのアイデアを出し、それぞれを核にしてさらに8通りのアイデアを出す。これを繰り返すことで、どこまでもアイデアを広げていけます。

基本のカタチ 連想でアイデアを広げていく優れた方法の1つに、今泉浩晃が考案した**マンダラート**があります。

3×3のマス目を描いたシートの中心にテーマを書き、そこから連想するアイデアを周囲の8つのマス目に書き出します。それが終わったら、新たに3×3のマス目シートを8枚用意して、先ほどの8つのアイデアを中心に書き出し、さらにアイデアを広げてシートを連結していきます。

そうすると、**マインドマップ**(→P44)とは違い、蓮の花が咲くようにアイデアが広がっていきます。まさに仏教の曼荼羅と同様、**無限にアイデアの連関が生まれていくわけです。**

応用のヒント 3つ4つくらいまでなら、関連するアイデアを出すのは難しくない反面、どちらかといえば当たり前のアイデアばかり。ところが5つ目あたりから苦しくなり、最後の8つ目は相当考えないと出てきません。だからこそ、斬新な発想が生まれてきます。そうやって**無理にでもアイデアをひねり出すところにマンダラートの良さがあります。**

8つ挙げるのが苦しい人には、石井力重の**はちのすボード**をお勧めします。やり方はマンダラートと同じなのですが、6つに減らされているのでかなり楽です。おまけに、良いアイデアが生まれたら、それを核として広げることができるようになっています。やや苦行を強いる曼荼羅とは違い、蜂の巣のどこからでも広げられる自由さが特長です。

●無限にアイデアが広がるマンダラート

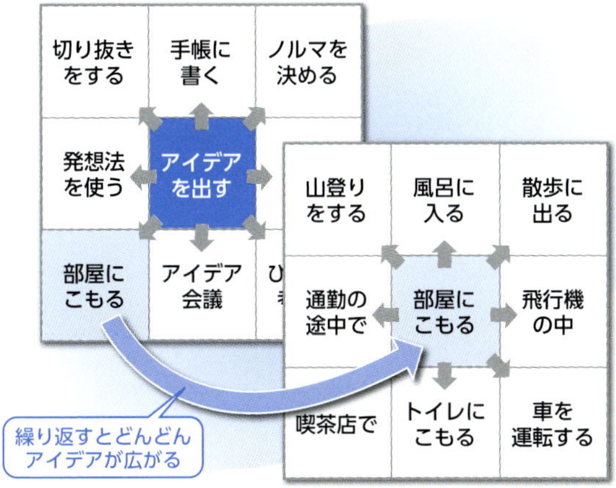
切り抜きをする
手帳に書く
ノルマを決める
発想法を使う
アイデアを出す
部屋にこもる
アイデア会議
山登りをする
風呂に入る
散歩に出る
通勤の途中で
部屋にこもる
飛行機の中
喫茶店で
トイレにこもる
車を運転する
繰り返すとどんどんアイデアが広がる

●はちのすボードを使って発想を広げる

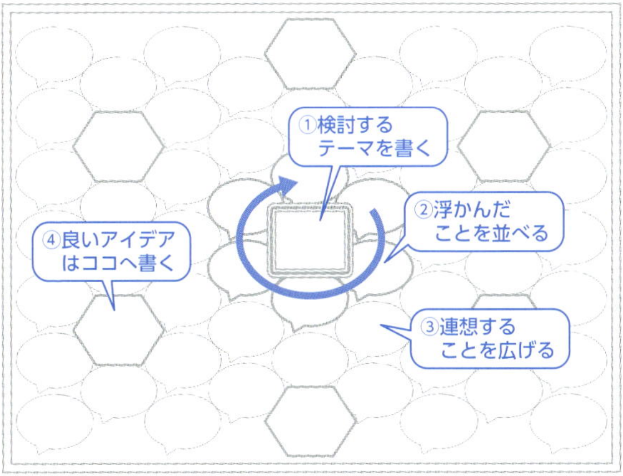
①検討するテーマを書く
②浮かんだことを並べる
③連想することを広げる
④良いアイデアはココへ書く

19 仮想ストーリー

架空の物語で発想を広げる

暗黙のうちに発想を制限している枠組みを打ち破るために、普通に考えると起こりえない仮想のストーリーをつくり、アイデアを膨らませるヒントを探していきます。

基本のカタチ 一般的にはありえない想定に基づく**仮想ストーリー**（**フィクションストーリー**）を語り合うと、発想の枠が広がって思わぬアイデアを思いつくことがあります。**豊かな物語にはイメージを喚起する力がある**からです。

たとえば、「新商品の企画」を考えているとしましょう。まず「地球があと1日で滅亡するのに世界中の人が自社の商品を競って購入している」といった想定を置きます。

次に、そこでどんなことが起こっているのか、それはなぜなのか、そのためにどうすればよいのかを、想像たくましく自由に語り合っていきます。ただし、出てきたアイデアやストーリーに一切に批評は無用。そうするうちに、仮想と現実との関連性に気づき、元のテーマのヒントが得られます。

応用のヒント この手法は、上記のような漠然としたテーマのヒントを得るときだけではなく、**アンチプロブレム**（→P38）と同様に具体的な解決策の着想を得るのにも使えます。似たような手法に**仮想状況設定法**があります。

想定がイメージしにくい場合は、仮想状況に身を置いてみるのが一番です。人物（配役）と状況（舞台）を細かく設定して、仮想の状況での会話や行動をアドリブで演じてみると、**予想もしない展開になり、予期せぬ考えが飛び出る**ことがあります。**ロールプレイング**（→P16）を活用した、**キャスティング法**と呼ばれるアイデア発想法です。

●仮想ストーリーのつくり方には４通りある

新しいヒット商品を企画したい

過激な想定を！

- **極度**：課題の難易度や与えられた条件を極端に変えてみる
  →世界中のすべての小学生が熱狂するとしたら…
- **逆転**：テーマ検討の目的や問題解決の方向性を逆転してみる
  →絶対に売れない商品を企画しろと言われたら…
- **制約**：制約条件を取り払ったり、厳しい制約をつけてみる
  →どれだけお金を投資してもよいと言われたら…
- **創造**：絶対にあり得ないことや想定外が起こったと仮定する
  →大津波に遭い、この商品だけ残されたとしたら…

●誰かになりきって考えてみよう

人物	
年齢	性別
職業・地位	民族
趣味・嗜好	能力
生活様式	習慣・文化

×

状況	
目的・課題	時間
場所	背景・経緯
環境	活用資源
関係	制約条件

人間関係や課題同士の因果関係

20 ピクチャーカード

イメージで発想を膨らませる

写真や絵を印刷したピクチャーカードは、問題や目標の共有から解決策の発想、さらにはアイデア出しが行き詰まったときの発想の転換まで幅広い使い方ができます。

基本のカタチ 写真や絵を印刷した**ピクチャーカード**は、アイデア出しの場で多彩な使い方ができる便利なツールです。

「何が問題か？」がすり合っていなかったり、「何を目指すのか？」ビジョンがバラバラだったときに、各自が考える問題のイメージに一番合った絵を選んでもらいます。**選んだ理由を説明しながら問題や目標のイメージを共有します。**

解決策を考えるときは、直観的に自分が思う解決のイメージに近いものを選び、そこから具体的な解決策を発想します。無意識に選んだように見えて、そこに何らかの思いや経験が隠れており、それが発想のトリガーになってくれます。

応用のヒント ピクチャーカードを使った**イメージネーション**と呼ばれるゲームがあります。アイデア出しに行き詰まったときに、カードを全部裏返しにしておいて、ランダムに1枚を各自選び出します。選んだカードの絵と検討テーマとがどのように関連づけられるか考え、「なぞかけ遊び」のようにオチを順番に披露していきます。

私たちは普段、言葉や論理を司る左脳でものごとを考えがちになります。しかしながら、**アイデアをひらめくには、直観や感情に関わる右脳の働きが大切です。**

写真や絵には、直観的な洞察やものごとの関連性を類推する力（**アブダクション**）を喚起する働きがあります。右脳を刺激することで新たな発想が生まれるのです。

●多彩なピクチャーカードを用意しよう

PCソフト添付の
クリップアートを
使うと便利
最低100枚以上、
多いほどよい

●右脳と左脳を組み合わせて考える

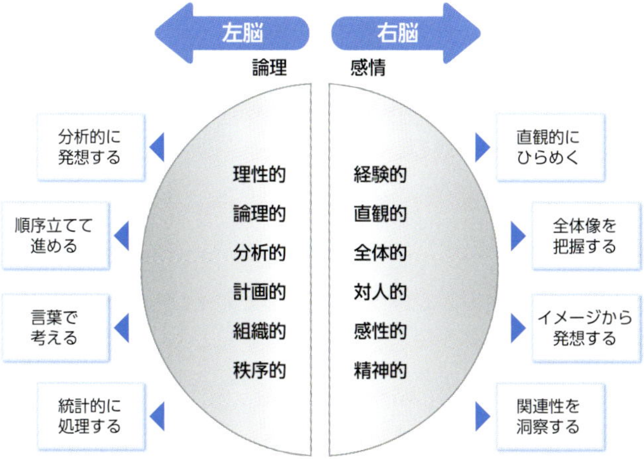
左脳
右脳
論理
感情
分析的に
発想する
順序立てて
進める
言葉で
考える
統計的に
処理する
理性的
論理的
分析的
計画的
組織的
秩序的
経験的
直観的
全体的
対人的
感性的
精神的
直観的に
ひらめく
全体像を
把握する
イメージから
発想する
関連性を
洞察する

21 モノ語り

モノを使って着想を得る

リアルなモノ（オブジェクト）は、インスピレーションを刺激し、見えない関連性に気づかせてくれます。それを活かして、小道具を触りながらアイデア出しを進めていきます。

基本のカタチ イメージと同様、着想を得るのに役立つのがリアルなモノです。卓上に並べられた日用品や玩具などのモノを眺め、手に取ってしばらく遊んでもらいます。使い勝手や感触がつかめたところで、それをヒントにして、用意されたテーマに沿って**ブレスト**（→P34）をします。**オブジェクト・ブレーンストーミング**と名づけられた手法です。

並べるモノは1種類でもよいし、たくさん並べて各自好きなモノを選んでもらうのでも構いません。**テーマに直接関係のないモノのほうが、思わぬインスピレーションが得られます。**ホームセンターや100円ショップなどで気に入ったモノを選ぶところからやるのも面白いです。

応用のヒント もう1つ、身体感覚を使ってやるブレストに**ボディストーミング**があります。現場をつぶさに観察した後に、舞台づくりに必要な小道具を集め、即興で配役を演じながら、アイデアを出していきます。**インプロ**（→P134）と同様に、うまく相手の演技に乗っかっていくことがコツで、そうすればアイデアの連鎖が生まれやすくなります。

このように、**ブレストで大切なのは「Yes＋And」の精神です。**他人のアイデアを否定せずに尊重しながら、さらに改良を加えたり、アイデアを上乗せしていくことです。それをテンポよく繰り返していけば、いつかどこかで予想もしないアイデアが**創発的**に生まれてくることでしょう。

●モノを手にして語るとアイデアが膨らむ

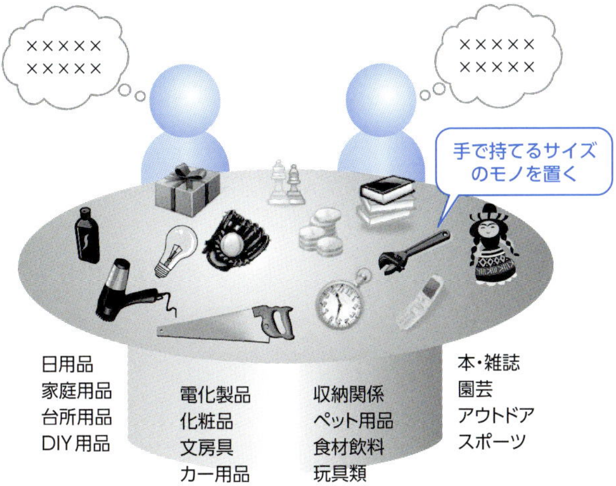
×××××
×××××
×××××
×××××
手で持てるサイズのモノを置く
日用品
家庭用品
台所用品
DIY用品
電化製品
化粧品
文房具
カー用品
収納関係
ペット用品
食材飲料
玩具類
本・雑誌
園芸
アウトドア
スポーツ

●「Yes + And」でアイデアをつなげていこう！

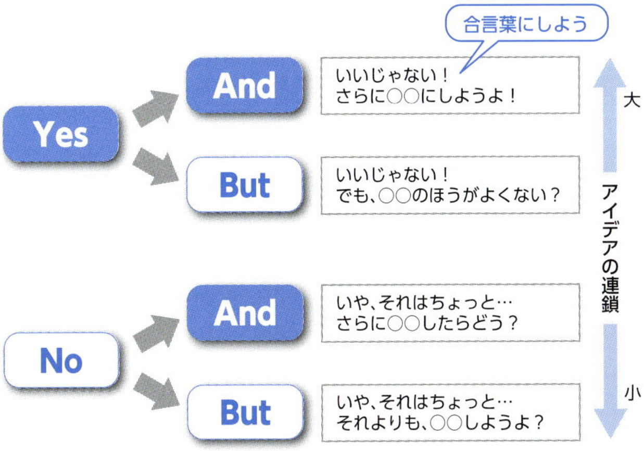
合言葉にしよう
Yes
And
いいじゃない！
さらに○○にしようよ！
But
いいじゃない！
でも、○○のほうがよくない？
No
And
いや、それはちょっと…
さらに○○したらどう？
But
いや、それはちょっと…
それよりも、○○しようよ？
大
アイデアの連鎖
小

22 ワールドカフェ

大人数が集まり対話を深める

小人数でじっくり話しながらも、他花受粉によって全員の思考をつなげていくことで、思いがけない発想を引き出すと同時に、発見やアイデアを全員で共有していきます。

基本のカタチ 多数のメンバーが一堂に会して話し合う手法を**ホールシステムアプローチ**（集合的対話）と呼びます。代表的な手法にA. ブラウンらの**ワールドカフェ**があります。

4人1組でテーブルにつき、テーブルクロス代わりの紙に各自落書きをしながら、問い（テーマ）に基づいて対話をします。20分ほどしたら1人（ホスト）を除いて席替えをして、新たな4人で対話を続けます。これを何度か繰り返し、最後は元のテーブルに戻って探究結果や発見を共有し、さらに会場全体で生まれたアイデアや発見を収穫していきます。

こうすることで**4人で親密に話しながらもアイデアが他花受粉され、全員で話し合うのと同じ効果が得られます。**全員の力で思いがけない発想が生まれてくる可能性があります。

応用のヒント ワールドカフェを成功させる秘訣が3つあります。気軽に真面目に話し合える「おもてなし」の空間をつくること、**思わず語りたくなるもののすぐに答えが出ない探究的なテーマを設定する**こと、メンバーの特性に応じた話し合いのルール（**カフェ・エチケット**）を用意することです。

そもそもワールドカフェは、探究を目的とした**対話**の手法です。単なるおしゃべりの**会話**や熱くなりすぎて**議論**にならないように注意が必要です。この他に対話の手法としては、**オープン・スペース・テクノロジー**（→P56）、**フューチャーサーチ**（→P116）、**AI**などが知られています。

●ワールドカフェでアイデアを他花受粉する

Round 1
20分
テーマを探究する
席替え
Round 2
20分
アイデアを他花受粉する①
席替え
Round 3
20分
アイデアを他花受粉する②
席替え
Round 4
20分
探究結果や発見を分かち合う
途中で
変えてもよい
探究的な問い(テーマ)
Harvest
20分
場から生まれたアイデアを刈り取る

●話し合いの３つのモードを使い分ける

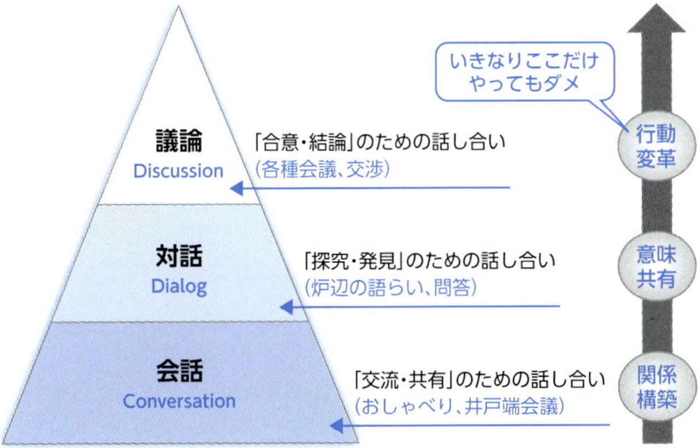
議論
Discussion
「合意・結論」のための話し合い
(各種会議、交渉)
対話
Dialog
「探究・発見」のための話し合い
(炉辺の語らい、問答)
会話
Conversation
「交流・共有」のための話し合い
(おしゃべり、井戸端会議)
いきなりここだけ
やってもダメ
行動
変革
意味
共有
関係
構築

23 オープン・スペース・テクノロジー

主体性を持って議論を進める

オープンな場と時間を用意し、参加者が自らテーマと議論の進め方を決め、各自が思い思いのテーマに取り組み、全員が共有できるアクションプランをつくりあげていきます。

基本のカタチ H. オーエンが開発した**オープン・スペース・テクノロジー**（Open Space Technology: OST）は、参加者の主体性を最大限に活かした問題解決のための討議手法です。

まず、参加者全員が輪になって、自分が解決したい問題やみんなと話し合いたいテーマを出し合っていきます。それらを整理して、テーマごとに議論する場所と時間を決めます。

参加者は、**議論したいテーマを選び、そこに集まった人と自由に討議します。**貢献できないと思えば別のテーマに移動する「蜂」になったり、どこにも参加せずに休憩する「蝶」になるのでも構いません。すべての議題が終わったら、テーマごとに結論をまとめて全員で共有します。さらに、課題の優先順位を決めて、実行計画へと落とし込んでいきます。

応用のヒント オープン・スペースとは、主体性が尊重され、コントロールされない「開かれた場」を意味します。そうなるよう、**4つの原理**と**1つの法則**が用意されています。

中でも重要なのが**主体的移動の法則**です。話したくないテーマにつきあわされたり、入りたい議論に入れなかったりがないように、**物理的に出入りしやすい場を用意し、移動を歓迎するムードをつくる**ことがポイントとなります。

加えて、始める前から当事者意識を高めておくことも大切です。1人ひとりに招待状を送って、この場の適任者であることを伝えておくと、すぐにでも議題が出るようになります。

●みんなで議論の場をつくるOST

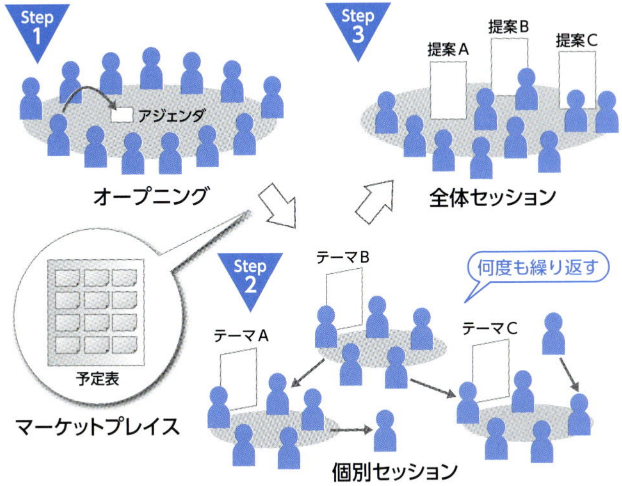
Step 1
アジェンダ
オープニング
Step 3
提案A
提案B
提案C
全体セッション
予定表
マーケットプレイス
Step 2
テーマA
テーマB
テーマC
何度も繰り返す
個別セッション

●OSTのグラウンドルール

会場に貼り出す

4つの原理

ここにやって来た人は誰でも適任者である
Whoever comes is the right people.

何が起ころうと、起こるべきことが起きる
Whatever happens is the only thing that could have.

それがいつ始まろうと、始まった時が適切な時である
Whenever it starts is the right time.

それが終わった時が、本当に終わりなのである
When it' s over, it' s over.

1つの法則

主体的移動の法則
The law of two feet

より楽しむために

えっ？という感覚を大切に
Be prepared to be surprised

Coffee Break

発想を妨げているものは何？

アイデアを生み出しやすい環境があります。たとえば、先端的な企業の取り組みを総合するとこんなオフィスになります。

お互いが見えるオープンなスペースに各自の机があり、思い思い遊び心一杯に飾り立てている。部屋の真ん中に飲食しながら話せるスペースがあり、内容が筒抜けになっている。偶然に出会った他の部屋の人と立ち話ができるよう、廊下の壁は巨大なホワイトボードになっている。イノベーションを競い合うシリコンバレーでは、こんな姿があちこちで見られます。

できれば私たちもクリエイティブな場をつくりたいのですが、日本では難しいのが現状です。でも諦めるのは早い。普段どこでアイデアがひらめくかを思い出してみてください。

ある調査によると、男性は①トイレ、②お風呂、③車中、女性は、①ふとんの中、②お風呂、③歩行中だそうです（マイナビニュース）。昔からアイデアは「3上」（馬上、枕上、厠上）で生まれるといわれており、現代でも変わらないようです。

つまり、何かを集中して考え続ける中で、フッと気を緩めたときにアイデアの神が降りてくるもの。「偶然のひらめき」を誘発する「意図的な弛緩」が発想には欠かせません。

だとしたら、居室や会議室はどうにもならなくても、頭の中を真っ白にできる場所と時間ぐらい確保できるはず。社内のタバコ部屋でも、街中の散策路でも、自宅のベッドでも…。

そう考えていくと、私たちは毎日大きなロスをしていることに気づきます。せっかくの貴重な空白時間に携帯電話をいじってしまい、意図的な弛緩ができなくなっているのです。「アイデアが出ない！」と嘆きながら、発想のチャンスに蓋をしているのは、あわただしい私たち自身なのかもしれません。

第Ⅲ章

視点転換
のフレームワーク

24 オズボーンのチェックリスト

アイデアを強制的に展開する

代用、結合、応用、修正、転用、削除、逆転といった、発想を広げる切り口をチェックリストにしておき、テーマと組み合わせることでアイデアを発展させていきます。

基本のカタチ 視点を切り替える切り口をリストにしておき、それらを元にアイデアを広げるのが**チェックリスト法**です。考案者の名前を冠した**オズボーンのチェックリスト**が有名で、切り口の頭文字をとって**SCAMPER**とも呼びます。代用する、結合する、応用する、修正／拡大する、転用する、削除／削減する、逆転／再編集する、の7つです。

たとえば、**ブレスト**（→P34）に行き詰まったときに、ファシリテーターが「何かと結合できませんか？」とチェックリストに沿って質問します。テーマと切り口を組み合わせて、強制的にアイデアを出そうというものです。既に出たアイデアにひねりを加え、発展させていくときにも使えます。

応用のヒント あらかじめチェックリストを書いたシートを用意しておき、そこにどんどん書いていく、といったやり方もできます。さらに、いったんテーマを細かい要素や属性に分け、それぞれにチェックリストを当てはめてから組み合わせると、ユニークなアイデアが生まれやすくなります。

他にも、**ECRS**、**ファンタジアの法則**、**SQVID**、**6つの帽子**（→P62）、**フェニックス**（→P62）、**智慧カード**（→P70）、**ERRC**（→P104）といったチェックリストが知られています。どれが優れているとは一概に言えず、テーマとの相性を見て選ぶしかありません。リストをたくさん覚えるよりも、1つを使いこなすことのほうが重要です。

●SCAMPERでアイデアを広げる

S Substitute 代用できないか	**C** Combine 結合できないか	**A** Adapt 原理を他のものに適用する 応用できないか
M Modify 修正できないか	テーマ	**M** Magnify 拡大できないか
P Put to other uses 転用できないか	**E** Eliminate/minify 削除／削減できないか	**R** Reverse/Rearrange 逆転／再編集できないか

●視点転換に役立つ切り口あれこれ

ECRS

- 排除 Eliminate
- 統合 Combine
- 交換 Rearrange
- 簡素 Simplify

ファンタジアの法則

①逆転	⑤素材の交換	⑨ディメンジョンの交換
②増殖	⑥場所の交換	⑩異なる要素の融合
③視覚的な類似関係	⑦機能の交換	⑪重さの変更
④色彩の交換	⑧動きの交換	⑫関係の中の関係づくり

SQVID

簡素 Simple	質 Quality	構想 Vision	個性 Individual attributes	変化 Delta
精巧	量	実現	比較	現状

25 6つの帽子

バランスよくテーマを検討する

白（客観的）、赤（直感的）、青（肯定的）、黒（否定的）、黄（創造的）、緑（管理的）の6つの視点で検討すると、理想的な解決策や合理的な意思決定案が引き出せます。

基本のカタチ 私たちは、どうしても自分が得意な視点で物事を考えがちになります。**水平思考**を説くE.デ・ボーノが開発した**6つの帽子**は、6つの異なる視点からバランスよく考えることで、新たな発想を得ようというものです。

例を挙げると、何かの問題解決や意思決定に際して、最初はチーム全員で白の帽子をかぶって、事実や情報の洗い出しをします。次に、赤の帽子をかぶり、課題に対してどんな感情や直感を持ったかを話し合います。こんなふうに**順番に帽子をかぶり変えていきながら、テーマを深めていきます。**図の順番でやるのがお勧めですが、テーマによっては変えても構いません。互いの思考の癖に気づくことにもつながります。

応用のヒント チームで問題を解決しようとすると、どうしても赤、黒、緑の帽子に偏りがちになります。しかも、人によって視点が固定化しており、6つの帽子が同時に持ち込まれて、話し合いが前に進まなくなります。そうならないよう、**意識的に白、青、黄の視点を足すとともに、1つずつ順番に俎上（そじょう）に乗せていく**のが6つの帽子の意味です。

同じく、さまざまな角度から問題を分析・考察するのに役立つチェックリストに、米CIAが開発した**フェニックス**があります。40種の質問リストになっており、会議で行き詰まったときにファシリテーターから投げかけたり、自問自答をしたりして、解決の新たな糸口を発見するのに活用します。

●6つの帽子をかぶり分ける

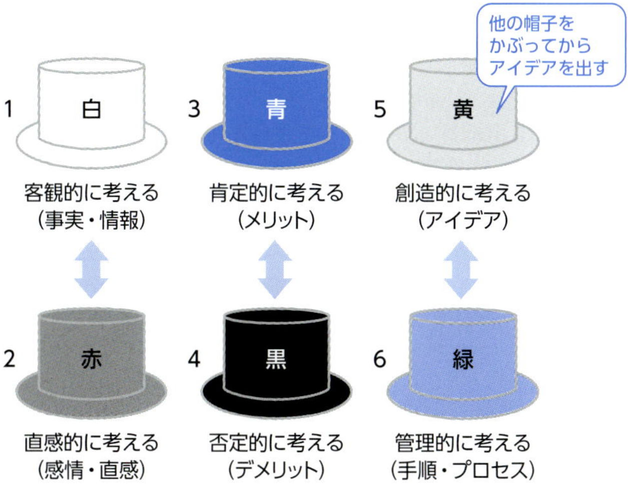
他の帽子を
かぶってから
アイデアを出す
1 白
客観的に考える
（事実・情報）
3 青
肯定的に考える
（メリット）
5 黄
創造的に考える
（アイデア）
2 赤
直感的に考える
（感情・直感）
4 黒
否定的に考える
（デメリット）
6 緑
管理的に考える
（手順・プロセス）

●問題解決に役立つフェニックス・チェックリスト（抜粋）

こだわって
何度も考えよう

課題分析	解決アイデア
・なぜ問題を解くのか、その利点は何か ・知らない／理解していないことは何か ・既に得た情報は何か、それで十分か	・全体を解決できるか、一部はできるか ・どんな解決を望むのか、姿が描けるか ・情報を使い切ったか、ヒントはないか
・課題でないものは何か、境界線はどこか ・課題を図解にすべきか、どう分けるか ・不変な点は何か、以前見たことはないか	・大事な要素はすべて考慮に入れたか ・どんな発想法やアプローチが使えるか ・他は何をしたか、直感で浮かばないか
・似た課題はないか、解決済みの事例は ・課題を他に言い換えられないか ・想像できる最高（最悪）のケースは何か	・何を、どこで、いつ、誰が行うべきか ・課題を特徴づけている独自性は何か ・進捗度合いや成功が分かるには

26 5W1H

具体的な要素を組み合わせる

What、Who、When、Where、Why、Howの6つの切り口で考えると、漠然とした抽象的なアイデアを具体化したり、既にあるアイデアから新しいアイデアを生み出すのに役立ちます。

基本のカタチ 「携帯電話を使った新しい冠婚葬祭サービスを提供する」といった抽象的なアイデアも、**チャンクダウン**（細分化）していけば具体的にやることが明らかになります。そのときに用いるのが、何を（What）、誰が（Who）、いつ（When）、どこで（Where）、なぜ（Why）、どうやって（How）の**5W1H**です。テーマによっては、どれくらい（How much）を加えて、**5W2H**にするときもあります。

あるいは、既にかなり具体的になったアイデアがあるとしましょう。対象、人、時間、場所、目的、プロセスを変えるとまったく違ったアイデアに変身します。**既存のアイデアをシフトさせる（ずらす）のにも5W1Hは使える**のです。

応用のヒント 5W1Hは強制的に発想する切り口としても威力を発揮します。与えられたテーマに対して、どんな選択肢や可能性があるかを、Who、When、Where、Whatの4つの切り口でリストアップします。それらを片っ端から組み合わせてシナリオ（物語）をつくるのが、石井浩介らが開発した**シナリオグラフ**です。**普段は考えない組み合わせから、新しい発想が生まれる**ことが少なくありません。

中でも、視点転換に大きな効果を生むのは人、すなわち利害関係者や受益対象者の変更です。若者向けのサービスを高齢者向けに変えるなど、対象とする人を変えるだけでコンセプトはまるで違ったものになります。

●曖昧なことは5W1Hに分ける

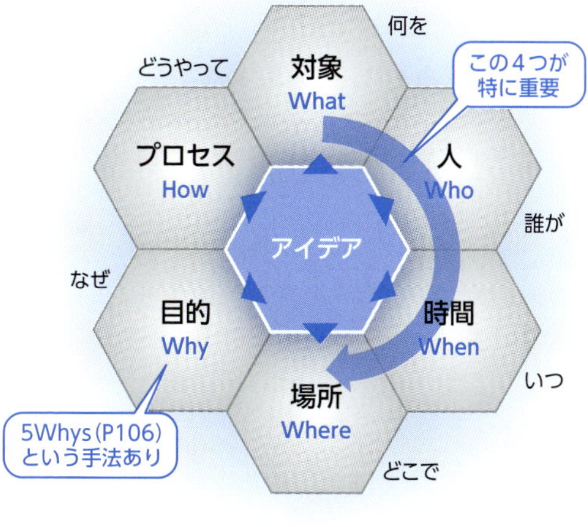

●発想の壁を打ち破るシナリオグラフ

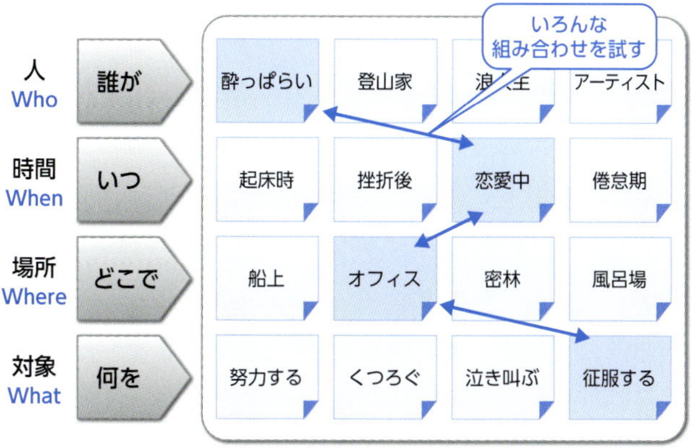

27 刺激ワード法

強制的に関連性を見つけ出す

発想の刺激となる言葉をランダムに選び、検討テーマと無理に組み合わせてアイデアをひねり出すと、思いもよらない斬新な視点や発想が生まれることがあります。

基本のカタチ 一見無関係に見えるもの同士でも、無理に組み合わせるとつながりが見つかることがあります。この原理を使って、強制的にアイデアをひねり出すのが**焦点法**です。

仮に「アイデアを出す方法」を検討していたとしましょう。これに組み合わせる無関係なものとして「動物園」を選びます。動物園から連想されるものをできるだけ列挙し、元のテーマに応用できるものがないかを考えるのです。

この作業を、組み合わせる言葉をどんどん入れ替えながらやるのが**刺激ワード法**（**強制類推法**）です。発想の刺激になりそうな言葉を書いたカードを大量に用意します。検討するテーマを告げ、カードをランダムに1枚引いて、テーマに関連して連想されるアイデアが出せないかを考えます。

応用のヒント 不思議なことに、どんな言葉でも誰かが必ず何かの関連を見つけ出せ、時にはみんなをうならせる斬新な視点や発想が飛び出します。もともと人の脳には、異なるものを関連づける能力が備わっているからです。

カードが用意できないときは右図のようなテーブル（表）を用意して、ランダムに縦横の座標を選んで刺激ワードを決めるようにします。言葉は最低でも100語は必要となり、できれば数百語くらいは集めたいところ。面倒なら、大きな辞書や百科事典を持ち出して、パッと開いて目についた言葉を無作為にピックアップする手もあります。

●刺激ワードから発想のヒントを得る

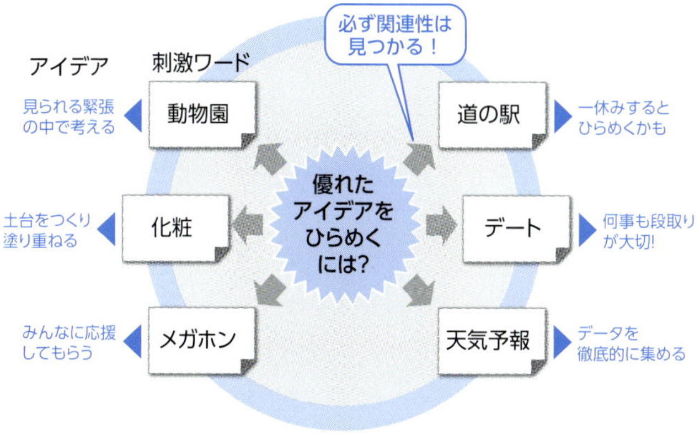
必ず関連性は
見つかる！
アイデア
刺激ワード
見られる緊張
の中で考える
動物園
道の駅
一休みすると
ひらめくかも
優れた
アイデアを
ひらめく
には?
土台をつくり
塗り重ねる
化粧
デート
何事も段取り
が大切!
みんなに応援
してもらう
メガホン
天気予報
データを
徹底的に集める

●刺激ワードはカードか表にしておくと便利

	A	B	C	D	E	F	G
1	海	補聴器	過失致死	消火器	トトロ	省エネ	コンパス
2	早朝割引	プール	デモ隊	大津波	ジャズ	アイデア	透明人間
3	ジーンズ	御三家	おむつ	橋桁	大理石	天気予報	メガホン
4	役人	禁煙	潮	ニキビ	埴輪	爆弾	巨乳
5	物理学	動物園	手帳	風雲	百人一首	妻	寄生虫
6	自殺	切符	新米記者	社員食堂	ハンカチ	心臓病	指紋
7	利便性	発電所	金	電磁波	道の駅	高速道路	消しゴム
8	ケーキ	詩	リストラ	分水嶺	弁護士	書斎	ゴミ箱
9	織田信長	クラブ	信頼感	パロディ	駐車禁止	バレエ	パラレル
10	会議	学生街	花火	熱帯雨林	角刈り	化粧	健康食品
11	花札	展示会	都市伝説	デザイン	血	地下室	世界遺産
12	墓参り	イモムシ	デート	帽子	カジノ	双眼鏡	フィルム
13	シャワー	真空	英文法	銀行	北海道	ハンドル	碇
14	質問力	単身赴任	地平線	鍵	年中行事	絵画	温暖化
15	宅配便	手数料	パーティ	携帯電話	アフリカ	星占い	特売日

28 ワードダイヤモンド

言葉を組み合わせて考える

テーマに関連する2つのキーワードを組み合わせてアイデアを出していきます。キーワードやその組み合わせをどんどん変えていくうちに、奇抜な発想が飛び出すかもしれません。

基本のカタチ A. バンガンディの**ワードダイヤモンド**は、組み合わせを活用した、個人でも集団でもできる発想法です。

検討テーマが決まったら、最初はキーワードを出し合っていきます。発想の切り口でも軸となる漠然としたアイデアでも、テーマと関連性のあるものなら何でも構いません。

その中から4つを選び出し、ダイヤモンドの頂点に置きます。次に、**キーワードを2つずつ組み合わせて、アイデアを発想します。**この作業を、キーワードを変えながら何回も繰り返し、いろんな組み合わせにチャレンジしていきます。

キーワードは4つとは限らず、6つ（六角形）にするのでも構いません。キーワードをすべてカードにして、ランダムに引いた2枚で組み合わせを考える、という方法もあります。

応用のヒント ワードダイヤモンドは、キーワード同士の思わぬ組み合わせから、予期しないアイデアが生まれることが魅力です。反面、アイデアをしらみつぶしには出すことはできず、自分の得意な視点に偏りがちになります。

それを防ぐのに役立つのが石井力重（りきえ）の**6観点リスト**です。**人、モノ、プロセス・関係性、環境、意味・価値、五感の6つの観点からテーマを眺めて発想を促そう**というものです。**5W1H**（→P64）を別の言葉で表したものだとも考えられ、使いやすいほうを用いるとよいでしょう。アイデアがなかなか出てこないときに、視野を広げるのに役立ちます。

●発想の組み合わせができるワードダイヤモンド

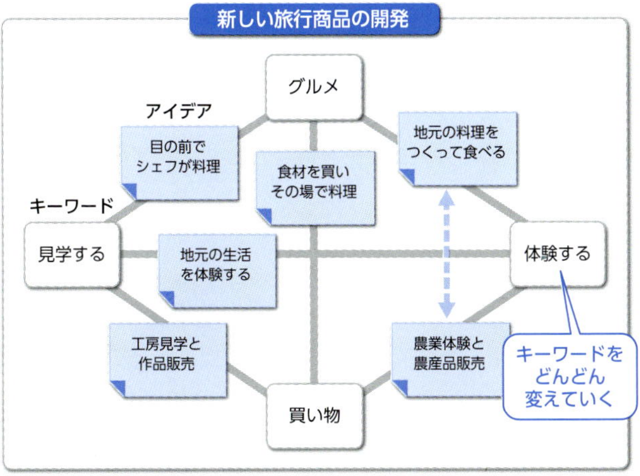
新しい旅行商品の開発
グルメ
アイデア
目の前でシェフが料理
食材を買いその場で料理
地元の料理をつくって食べる
キーワード
見学する
地元の生活を体験する
体験する
工房見学と作品販売
農業体験と農産品販売
キーワードをどんどん変えていく
買い物

●6観点リストを使ってアイデアを広げる

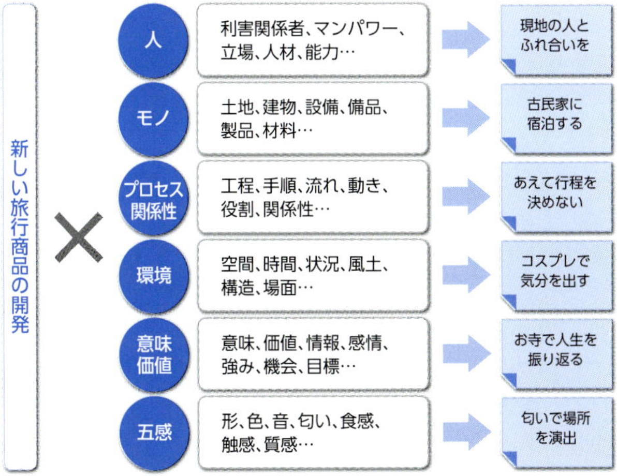
新しい旅行商品の開発
×
人
利害関係者、マンパワー、立場、人材、能力…
現地の人とふれ合いを
モノ
土地、建物、設備、備品、製品、材料…
古民家に宿泊する
プロセス関係性
工程、手順、流れ、動き、役割、関係性…
あえて行程を決めない
環境
空間、時間、状況、風土、構造、場面…
コスプレで気分を出す
意味価値
意味、価値、情報、感情、強み、機会、目標…
お寺で人生を振り返る
五感
形、色、音、匂い、食感、触感、質感…
匂いで場所を演出

29 カタルタ

物語で発想を促進する

接続詞をはじめとする「話をつなぐ言葉」に従って、みんなで即興で物語をつなげていくと、予期せぬハプニングが起こり、思ってもみなかった着想が得られます。

基本のカタチ みんなで即興で物語を語っているうちに話がどんどん膨らみ、思いもよらないアイデアが飛び出した。そんな体験をさせてくれるのが福元和人の**カタルタ**です。

カタルタは語るためのカードセットです。そこには、「しかし」「そもそも」「もちろん」といった、話をつなぐ言葉が1つずつ書かれています。カードを引いたら、書かれた言葉を受けて、無理にでも話を続けなければなりません。それが、**強制的に視点を転換させ、秘めた発想力を引き出し、コミュニケーションを促進してくれる**のです。

ブレストなどでの発想の転換に活用するのはもちろん、アイデア出しをする前の**アイスブレイク**(→P80)として、自己紹介や頭の体操に使うとよいでしょう。

応用のヒント カタルタで大切なのは、言葉を見て考え込まずに、まずは思いついたことを口にしてみること。**インプロ**(→P134)と同様、語っているうちにアイデアは生まれてきます。**インスピレーションとハプニングを楽しみながら、みんなでワイワイとゲーム感覚で進める**ことが大切です。

他にも、視点転換の効果を持つツールとしては、目的・着眼点・変更の3つを組み合わせる**アイデアカード**、**TRIZ**（トゥリーズ）(→P112)の発明原理を意訳した**智慧**（ちえ）**カード**、動物の行動からヒントを得る**アニマルカード**などがあります。筆者もMECE（ミーシー）な切り口を元に発想する**視点カード**を考案しています。

●刺激ワードから発想のヒントを得る

テーマ：過疎地域をいかにして活性化させるか？

荒唐無稽でもよいから物語をつくってみる

	偶然にも	実は	だからこそ	さすがに
カタルタ	偶然にも	実は	だからこそ	さすがに
アイデア	**偶然にも、**村を襲う大きな山火事があったときに、村出身の１人の若者が…	**実は、**その村には昔から言い伝えられてきた多蛇伝説があり、それはなんと…	**だからこそ、**過疎化に対抗するのではなく、それを受け入れるところから…	**さすがに、**今の村を昔のように活性化することは無理であり、逆にここで…

●視点転換を促す発想カードの例

アイデアカード（岡野弘文）

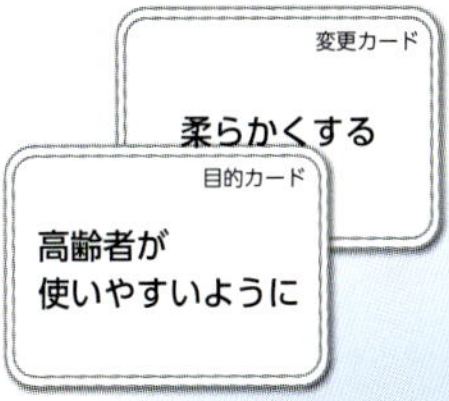
変更カード
柔らかくする
目的カード
高齢者が
使いやすいように

智慧カード（石井力重）

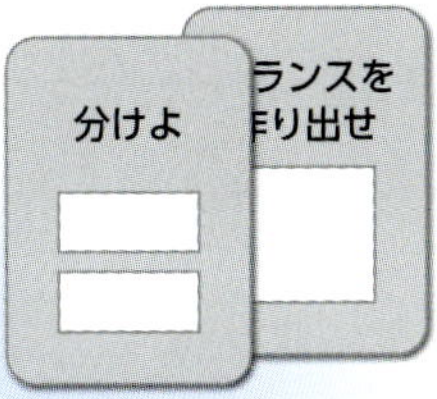

アニマルカード（B. ブレイヘル、S. バリエル）

視点カード（堀 公俊、加藤 彰）

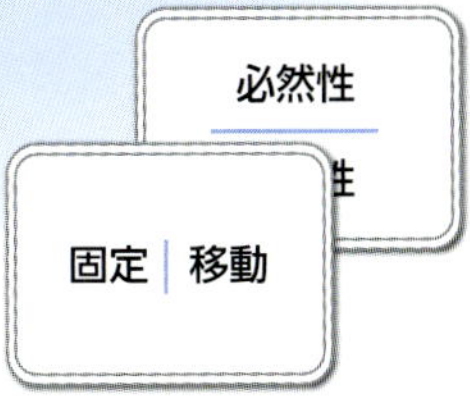
必然性
固定
移動

※書籍『アイデア・イノベーション』参照

30 加減乗除

アイデアを自在に展開する

今あるアイデアに他の要素を結合する（加算）、余分な要素を取り除く（減算）、他の原理を応用する（乗算）、背景を入れ替える（除算）と、新たなアイデアが生まれます。

基本のカタチ 今あるアイデアに新しい要素を**結合**すれば、新しいアイデアができあがります。スマホをはじめとする複合商品はすべてここから生まれています。逆に、高齢者向け携帯電話は、既存の商品から本当に必要なもの以外を取り除いて、機能や用途を**特化**させた商品です。

一方、回転寿司は、ベルトコンベアーの原理を寿司店に**転用**したもので、いわばアイデアの掛け合わせです。しかも寿司店を、ハレの食事という**文脈**から、ファミリーという文脈に変えることで、新しい意味をつくりだしました。

このように、既存のアイデアと新たな要素を**加減乗除**するのは、アイデアを発展させていく格好の方法となります。多くの発想法は、この原理を応用してつくられています。

応用のヒント 同じ発想でも、ゼロから新しい案を**着想**するのが得意な人と、加減乗除のように既にあるアイデアを**発展**させるのがうまい人とがいます。前者だけでは行き詰まってしまい、後者だけでは斬新な発想が生まれません。両者が緊密に連携し合うことで、チーム力を最大限に引き出せます。

発展がうまい人は**連想の4法則**を自然と体得しているようです。近くにあるものを連想する**接近**、似ているものを思い浮かべる**類似**、逆の視点から眺める**対照**、原因から結果を想定する**因果**です。これら4つを使ってみんなの連想力をつなげていけば、アイデアはいくらでも膨らんでいきます。

●加減乗除すれば新しいアイデアが生まれる

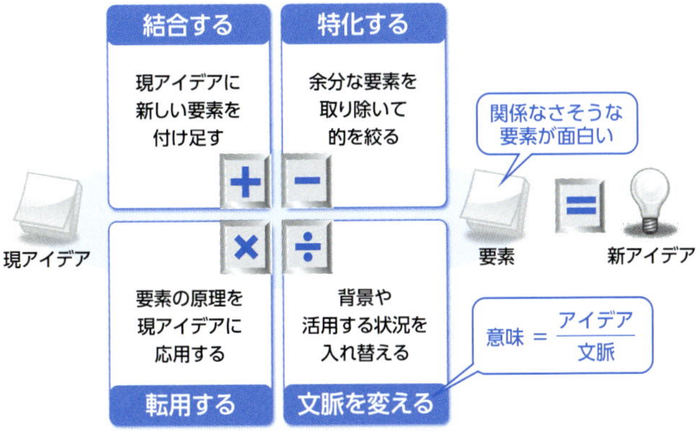
結合する
現アイデアに
新しい要素を
付け足す
特化する
余分な要素を
取り除いて
的を絞る
＋
－
×
÷
現アイデア
要素の原理を
現アイデアに
応用する
転用する
背景や
活用する状況を
入れ替える
文脈を変える
関係なさそうな
要素が面白い
要素
＝
新アイデア
意味 ＝ アイデア／文脈

●連想の４法則でアイデアを発展させる

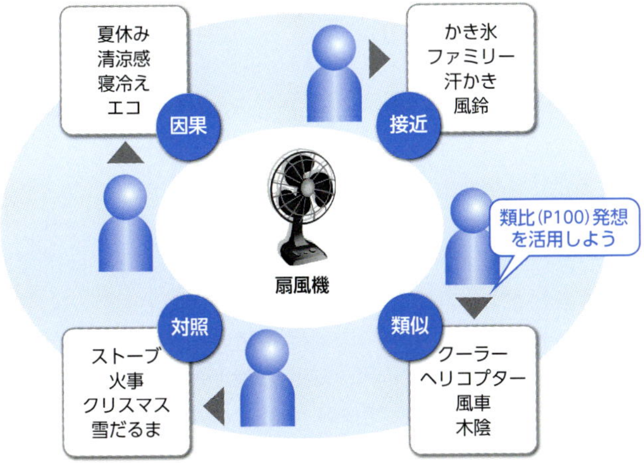
夏休み
清涼感
寝冷え
エコ
因果
かき氷
ファミリー
汗かき
風鈴
接近
扇風機
類比(P100)発想
を活用しよう
対照
ストーブ
火事
クリスマス
雪だるま
類似
クーラー
ヘリコプター
風車
木陰

31 マトリクス法
異なる視点を掛け合わせる

2つの視点（軸）を掛け合わせて考えると、普段は考えない領域のアイデアがひねり出されます。軸の組み合わせ次第で、イノベーティブ（革新的）な発想を得ることができます。

基本のカタチ 普段はどうしても現状の認識を前提とした当たり前の発想に陥りがちになります。それを強制的に広げて打ち破ってくれるのが**マトリクス法**です。

検討する課題や現アイデアを特徴づけている機能や価値を2つ選び出します。書店がテーマなら「品揃え」と「アクセス性」といったように。そこで「総合的↔特定的」「アクセス性↔回遊性」の2軸でマトリクスをつくると、4つの領域が生まれます。こうすれば、普段は考えない領域のアイデアも検討できます。いわば、**既存の領域から未検討の領域に強制的にシフトさせる（ずらす）**わけです。そのことから前野隆司らは**構造シフト発想法**と名づけており、**親和図法**（→P90）や**因果ループ図**（→P110）でも同じようなことができます。

応用のヒント 斬新なアイデアが出るかどうかは軸の取り方にあり、しっくりくるまで試行錯誤をするしかありません。うまく見つからないときは、こんなやり方があります。**ブレスト**（→P34）のあとで**ドット投票**（→P142）をやり、新規性の高いアイデアを絞り込みます。**選ばれたアイデアに共通な特徴を2つ見つけ出し、それらを軸に設定する**のです。

ありふれた軸にしかならない場合は、細かく内容を分けて総当たりの表（**アイデアテーブル**）をつくり、既にアイデアがあるところは消していきます。最後に残った手つかずの領域を検討していけば、アイデアが出しやすくなります。

●検討領域をシフトさせて斬新なアイデアを

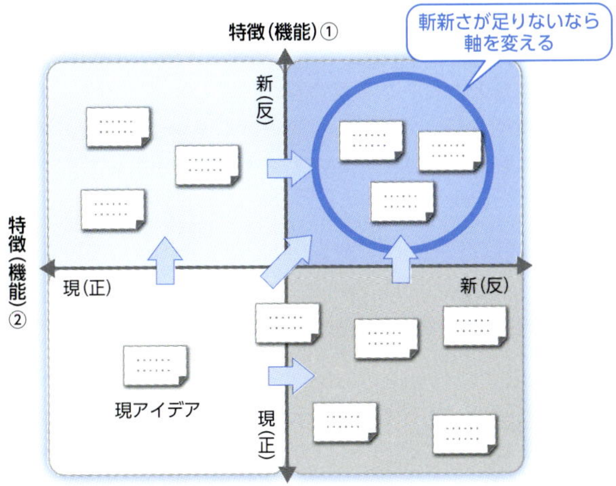
特徴(機能)①
斬新さが足りないなら
軸を変える
新(反)
現(正)
特徴(機能)②
現(正)
新(反)
現アイデア

●アイデアの盲点を見つけ出そう

スマホのアプリ開発		視点② 生活				
		A. 活動	B. 食事	C. 移動	D. 休息	E. 交流
視点① 対象者	1. 会社員	ビジネス支援 株式投資	グルメ情報 ダイエット	出張予約 経路検索		
	2. 学生	学習支援 教育情報		経路検索		
	3. 高齢者			バリアフリー情報提供		
	4. 主婦	家事支援アプリ	グルメ情報 ダイエット			おしゃべり
	5. 子ども			位置情報		新タイプコミュニティ

ターゲットを絞って発想する

32 逆設定法

前提を逆転させて考える

暗黙の前提となっている常識を180度ひっくり返し、非常識な前提条件を置いて、アイデアを出していきます。そうすると、思いもよらぬ独創的なアイデアが飛び出します。

基本のカタチ 独創的なアイデアが、常識を逆手にとった**逆転の発想**から生まれることがよくあります。検討すべきテーマが見つかったら、まずは前提となっている事実や条件を洗い出してみましょう。そうした**暗黙の前提が発想の制限になっているかもしれません。**一度ひっくり返して、逆の前提を条件としてセットします。その上で、新たなアイデアを考えるのが**逆設定法**（アサンプション・スマッシング）です。

「違いない」「はずだ」「べきである」「決まっている」「ねばならない」というのは、みんな自分が勝手に設定した**思い込み**です。いつもそうである必要はなく、一度疑ってかかってみると、そこにアイデアのヒントが転がっています。

応用のヒント 暗黙の前提の中で、「人には足が2本ある」といった科学的な事実は変えられませんが、社会的な前提はいくらでも変えられます。「トイレの後は手を洗う」といった、社会や暮らしの中で選ばれたり培われてきた**事実上の標準**（デファクト・スタンダード）は、人々の思考・行動パターンや嗜好・選択が変化すれば変わってきます。

「電車に乗るには切符を買う」のような**制定された標準**（デジュリ・スタンダード）も、合意形成によって変更が可能です。もっと言えば、科学的な事実であっても、**仮想ストーリー**（→P48）のような想像の世界では変更可能です。**発想の壁をつくっているのは自分自身なのです。**

●前提を逆転させて新しいアイデアを出す

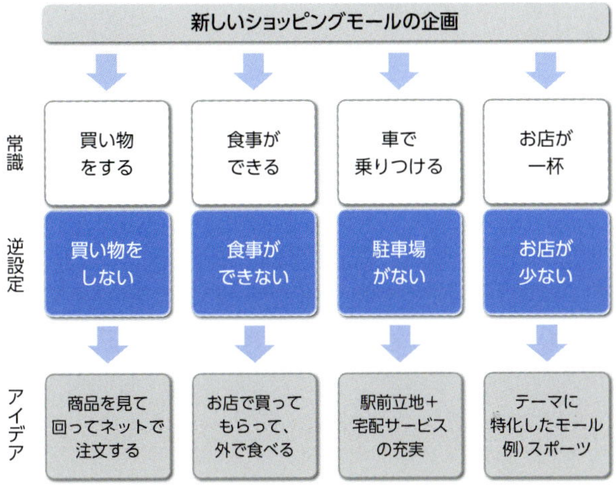
新しいショッピングモールの企画
常識
逆設定
アイデア
買い物をする
買い物をしない
商品を見て回ってネットで注文する
食事ができる
食事ができない
お店で買ってもらって、外で食べる
車で乗りつける
駐車場がない
駅前立地＋宅配サービスの充実
お店が一杯
お店が少ない
テーマに特化したモール 例）スポーツ

●社会的な常識（暗黙の前提）には２種類ある

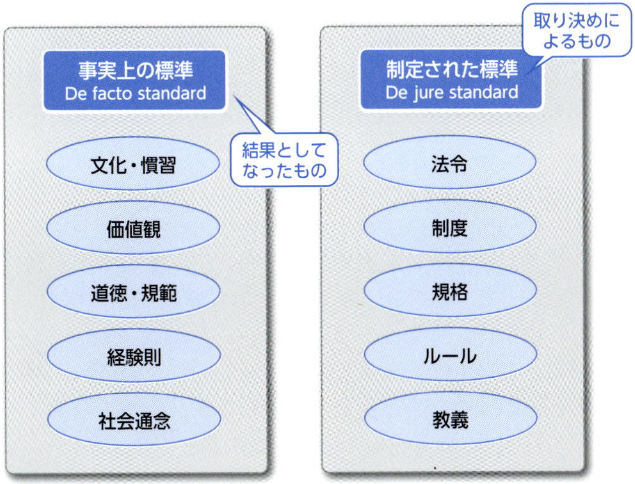
事実上の標準
De facto standard
結果としてなったもの
文化・慣習
価値観
道徳・規範
経験則
社会通念
制定された標準
De jure standard
取り決めによるもの
法令
制度
規格
ルール
教義

33 アズ・イフ

架空の状況を想像する

「仮に自分が智恵のある偉人になったら…」と想像するなど、架空で設定した状況や、現実にはありえない状況に身を置いて考えることで、発想の転換を促していきます。

基本のカタチ アズ・イフ（as if）とは、「まるで○○のように」「もし、○○だったら」という意味です。架空の状況に身を置いて考えることで、視点の転換を図ります。

たとえば、あなたが偉人だったら、いま抱えている問題をどのように解決するでしょうか。それを考えるために、まずは古今東西の偉人たちの名言を集めます。仕事や成功といった直接役立つものよりも、恋愛や死のような一見無関係に見えるもののほうが面白いです。そうやって集めた名言の中から気に入ったものを選び、解決のヒントが見つからないかを考えるのです。**賢人会議**と名づけられた発想法です。

応用のヒント アズ・イフで想像するのは賢人だけとは限りません。架空の状況に身を置くときは、**人物／場所／時間**（Who/Where/When）を変えるのが常套法です。それらを組み合わせて、なるべくありえない状況で考えてみましょう。

そういう意味では、夢を発想のヒントにするのも1つの方法です。夢の中では、常識を超えた非現実的な出来事が次々起こります。それらは過去の経験や心の中にあることを反映しているかもしれません。**夢日記**をつけて、問題解決に活かせるものはないか考えるのも悪くない手です。

同様に、私たちが無意識に気に留めているものにも、何かアイデアとのつながりがあるかもしれません。**思考散歩**で**メタファ**（→P124）になるものを探してみましょう。

●「もし、あの人なら…」と想像してヒントを得る

人物	名言	テーマ	視点	
坂本龍馬	我を何とも言わば言え、我が成す事は我のみぞ知る	どうすれば強力なライバルに勝てるか？	自社の魅力に磨きをかけることに全力を注ごう	アイデア
アインシュタイン	間違いを犯していない人は、何も新しいことをしていない		商品ごとに必ず何か新しいことに挑戦し続けよう	
太宰治	幸福の便りは待っている時には決して来ないものだ		勝利をあせらずにやるべきことをコツコツやろう	

テーマと無関係な幸福に関する名言

●想像力を駆使してアイデアをひねり出そう

アズ・イフ

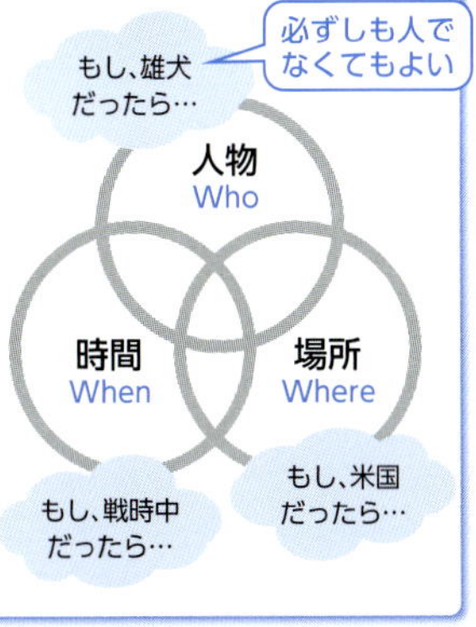

もし、雄犬だったら…
必ずしも人でなくてもよい
人物
Who
時間
When
場所
Where
もし、戦時中だったら…
もし、米国だったら…

夢日記

ベッドの脇にノートを置く

テーマを頭に置いて眠り、夢で見た内容をメモする。後で検討しているテーマと結びつけて、何かアイデアが出せないかを考える

思考散歩

散歩をして、テーマのメタファになりそうなものを見つけ出す。発見したものとテーマを結びつけて、アイデアを考え出す

34 アイスブレイク

場のムードを転換する

適度に場がほぐれていないと良いアイデアが出ません。メンバーが緊張ぎみのときや、チームが煮詰まってしまったときは、頭や心や体をほぐすことから始めるのが得策です。

基本のカタチ 発想が豊かな人が集まっても素晴らしいアイデアが出るとは限りません。**互いの関わり方が悪いと、せっかくの発想力が十分に発揮できなくなります。**

チームでアイデアを出すときは、いきなり始めるのではなく、少しウォーミングアップをしましょう。**頭**／**心**／**体**をほぐしてリラックスすれば、関係性もムードもほぐれてきます。そのための活動（アクティビティ）を、緊張や牽制という名の氷を溶かすことから**アイスブレイク**と呼びます。

アイスブレイクにはたくさんのネタがあります。頭の瞬発力を高めたいときは**インプロ**（→P134）といったように、目的やチームの状態に応じて使い分けるようにします。

応用のヒント アイスブレイクをやってもほぐし足らないときは、**チーム・ビルディング・エクササイズ**という名の協働作業をやってみることをお勧めします。少し時間がかかりますが、見違えるほどチームが活性化します。いずれも煮詰まったときに、気分転換も兼ねてやると効果があります。

必死になって考えたからといってアイデアが出るとは限りません。逆に、**緊張を緩めたときにひらめくことも少なくありません**（→P58）。休憩（ブレイク）、飲食、場の転換、グループ替えなどで緩急をつけることは、アイデア出しにとって欠かせない行為です。**チェンジ・オブ・ペース**と呼び、チームが熱くなりすぎたときに冷ます効果もあります。

●アイスブレイクでほぐしてからアイデアを

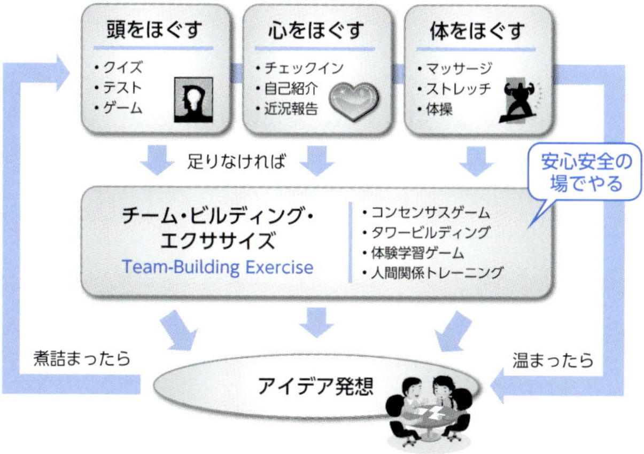
頭をほぐす
・クイズ
・テスト
・ゲーム
心をほぐす
・チェックイン
・自己紹介
・近況報告
体をほぐす
・マッサージ
・ストレッチ
・体操
足りなければ
安心安全の場でやる
チーム・ビルディング・エクササイズ
Team-Building Exercise
・コンセンサスゲーム
・タワービルディング
・体験学習ゲーム
・人間関係トレーニング
煮詰まったら
温まったら
アイデア発想

●発想力を高めるアイスブレイクの例

漢字クイズ

「カン」「コウ」「ショウ」といった読みの漢字をいくつ思い出せるかみんなで競い合う。あるいは、右下の図形の中に隠れている漢字をできるだけ多く探し出す。

たとえば、一、山、上、田、円といった具合に。目標は5分で15個以上。

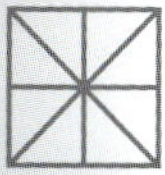

類推ゲーム

刺激ワード(→P66)のようなランダムな言葉を20個ほど付箋に書き出し、共通点でくくって5つのグループに分ける。それが何パターンできるかを競い合う。

アハ画像

今まで分からなかったことが一瞬でひらめくことを「アハ体験」と呼ぶ。ネットで調べると、それが味わえる画像や動画がたくさんアップされており、頭のトレーニングにもってこい。ただし、やり過ぎると頭が疲れるので注意を。

フェルミ推定

次のようなクイズの正解を競う

- ピアノの調律師は何人いるか
- 鎌倉の大仏の重さはいくらか
- 日本のマンホールの蓋の数は
- 戦車1輌の値段はいくらか

もともとは、論理的に考えるクイズだが、ひらめきもなければ解けない。

35 リフレーミング

物事の捉え方を反転する

物事に対するネガティブな捉え方をポジティブに転換することで、困難な状況を打開する新たな機会を見出し、解決アイデアを生み出す突破口にしていきます。

基本のカタチ ノドが渇いたとき、コップに半分の水が入っているのを見て、「半分もある」と思う人もいれば、「半分しかない」と思う人もいます。物事の意味は自分次第であり、考え方のフレーム（枠組み）を変えればネガティブな事柄もポジティブに転換できます。これが**リフレーミング**です。

問題というのは、多くの場合にネガティブなものです。ところが、問題がポジティブに作用する状況（対象者、時間、場所、目的）があります。それを見出すのが**状況のリフレーミング**で、問題の中から機会を見出すことができます。

また、一見するとネガティブな事柄も、言い方を変えるだけでポジティブに聞こえてきます。**意味のリフレーミング**と呼び、特徴を活かしたアイデアが生まれる可能性が現れます。

応用のヒント このスキルを身につけると、困難な状況であっても、逆に好機として活かすことができるようになります。それが**フリップ・イット**（反転）と呼ばれる手法です。

最初に、いま抱えている心配、難題、懸念点などを洗い出します。次に、各々にリフレーミングが適用できないかを考え、希望、機会、可能性といった前向きの話に転換します。

その中で、実現できそうなものを選び出し、具現化する方策を検討していきます。うまくすると、ピンチをチャンスに変える逆転のアイデアが生み出される、というわけです。そうならなくても、問題の捉え方が柔軟になります。

●2つのリフレーミングで捉え方を変える

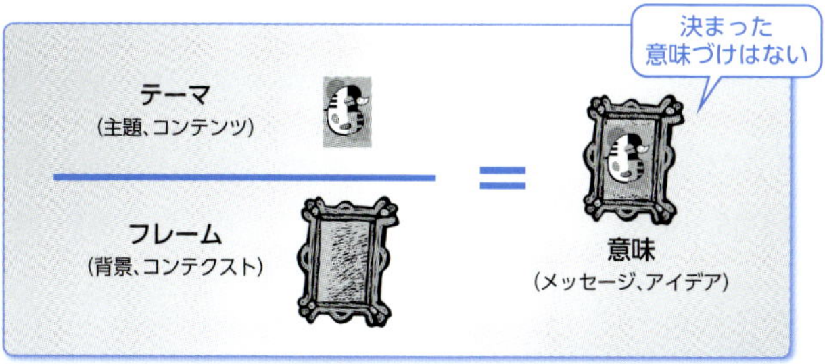
テーマ
(主題、コンテンツ)
フレーム
(背景、コンテクスト)
=
意味
(メッセージ、アイデア)
決まった
意味づけはない

状況のリフレーミング	意味のリフレーミング
ネガティブな事柄がポジティブであるような状況を見つけ出す	ネガティブな事柄の中にポジティブな意味がないかを探す
客に愛想をしない板前さん ↓ 1人になりたいときに最適	調理に時間がかかる居酒屋 ↓ 丁寧な仕事をする居酒屋

●フリップ・イット（反転）でピンチをチャンスに！

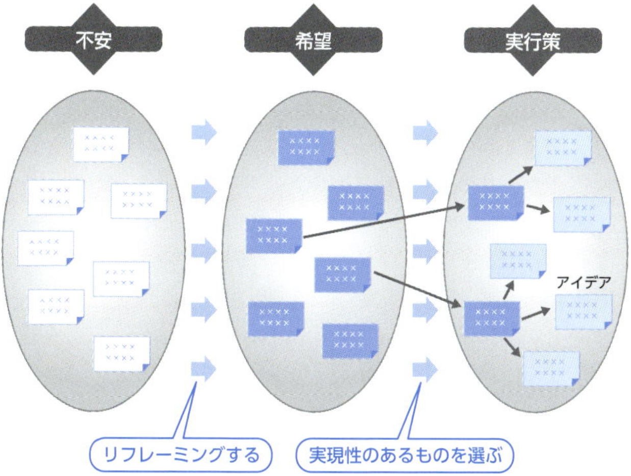
不安
希望
実行策
アイデア
リフレーミングする
実現性のあるものを選ぶ

36 ポジティブ・アプローチ

強みを活かして考える

自分の強みを見つけ出し、それを元に「ありたい姿」に向けて、「できること」のアイデアを出していくと、やらされ感が募らずに済み、結果的にうまくいくことが多くなります。

基本のカタチ 問題とは、あるべき姿と現状との差（ギャップ）であり、それをなくす行為が問題解決（**ギャップ・アプローチ**）です。通常は、ギャップを生む原因を探し、それに対してもっとも効果的な打ち手を選び出します。根本的な解決を目指すために「やるべきこと」が優先され、必ずしも実行するモチベーションが高いわけではありません。

それに対して、自分の強みや価値を元に、ありたい姿を明らかにし、「やりたいこと」「できること」を見つけ出すのが**ポジティブ・アプローチ**です。根本的な解決策でなくても、**目指す姿に一歩ずつ近づいていけば、いつかは問題がなくなります。**アイデア出しに行き詰まったときは、大元のアプローチを転換してみることも一考の価値があります。

応用のヒント 自分の強みを見つけるヒントは、成功事例にあります。**一番うまくいった最高の体験があれば、そこに自分の強みが余すことなく発揮されているはず。**この考えをもとに、組織の変革を進めるのが**AI**（→P54）です。

たとえ、偶然の小さな成功であっても、何かの強みの表れであり、うまくいかなくなるまで続けないと損。逆に、うまくいかなかったのに、気合いを入れ直しても、決してうまくいきません。やり方を変えるのが唯一の方法です。アイデアを出すというと、どうしても新しいものを探しがちですが、過去の事例にこそヒントがたくさん隠れているのです。

●問題解決の２つのアプローチ

ギャップ・アプローチ

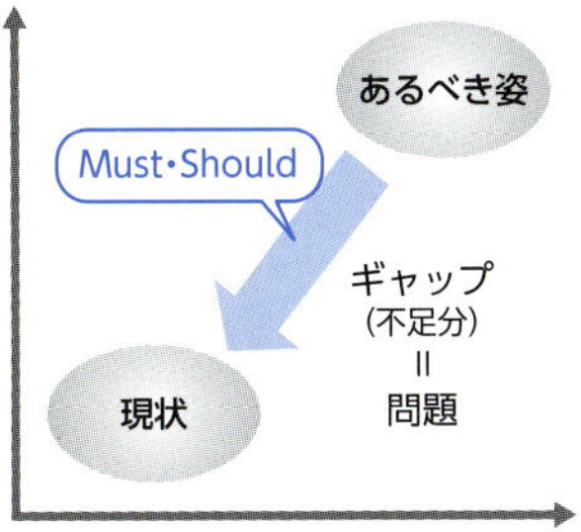
あるべき姿
Must・Should
ギャップ
(不足分)
||
問題
現状

- 目標や基準は外から与えられる
- 問題を引き起こす要因を探る
- 根本的な問題解決を目指す

ポジティブ・アプローチ

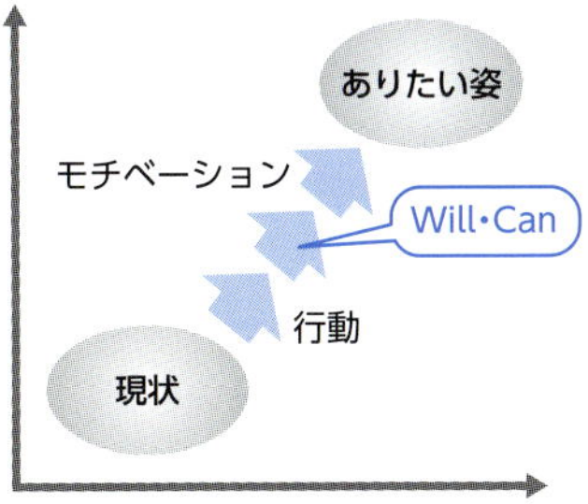
ありたい姿
モチベーション
Will・Can
行動
現状

- 目標や基準は内から湧いてくる
- 強み、価値、可能性を発見する
- できることから一歩ずつ進める

●ポジティブ・アプローチを使った問題解決例

テーマ
英会話がもっと
うまくなりたい

① 理想像・便益

- 外国人と恐れることなく話せる
- 海外出張に行かせてもらえる
- 国際人としての自覚が高まる
- 海外旅行でトラブっても安心
- 日本の良さを紹介できる
- 外国のウェブサイトから情報が
- 世界中の人と友達になれる

② 取り組み事例

- 英会話学校に半年通っていた
- ビジネス英会話を見ていた時期も
- 時間があるときはCNNを見る
- 会社には外国人が３人いるが…
- 英語の本を昨年１冊読了した
- 年に２回ほど海外出張がある
- 学生時代は英語は得意！

達成度
30%

③ 追加のアイデア

- 外国人の彼女をゲットする
- 英会話スクールをもう一度！
- 電車の中で英語の教材を聴く
- 頭の中で英語で説明を考える
- YouTubeの英語コンテンツを見る
- 英語以外の会話を禁止する
- 外国人を見たら英語で話しかける

④ 取り組みたいこと

1. 外国人の多い飲食店に行って
   友達をつくる（週末から始める）
2. 「スーパープレゼンテーション」
   を見た感想をブログに書く
   （今日からスタート）

37 質問会議

問題の定義を新たにする

問題の捉え方は人それぞれです。「問題は何か？」を議論することによって、今まで思っていたのとは違うところに本当に解決すべき問題が見つかるかもしれません。

基本のカタチ 「何が問題なのか？」を間違えたら、いくらアイデアを出しても意味がありません。問題の定義を書き換えることで、新たな解決策が見つかったり、悩んでいることが問題ではないことに気づく場合もあります。

M.マーコードが開発した**質問会議**では、1人が提供した問題に対して、みんなで問題を明確にする質問をしていきます。うまくすると、内省と相互作用の高まりによって、今まで考えてもみなかった新たな問題の捉え方に気づきます。解決に向けての第一歩を踏み出す力も湧いてきます。

加藤雅則の**智慧（ちえ）の車座**も同様の効果があり、当事者抜きで解決策のブレストをするのがユニークなところです。容易に解決がつかないジレンマを含んだ問題に威力を発揮します。

応用のヒント 事実と問題は違います。たとえば、「上司と1週間話をしていない」というのは事実であり、「上司とのコミュニケーションがよくない」というのが問題です。**リフレーミング**（→P82）をして、事実への意味づけを変えれば、問題の定義はいくらでも書き換えられます。

原因についても同様で、「上司の面倒見が悪い」と、自分が舵取りできないもののせいにすると、解決が難しくなります。逆に、「私が生意気だから」と考えれば、自分がどうにか舵取りできます。アイデアを出すときに、そのことを頭の片隅に置いておくと、成果に結びつきやすくなります。

●質問会議で本当の問題を見つけ出す

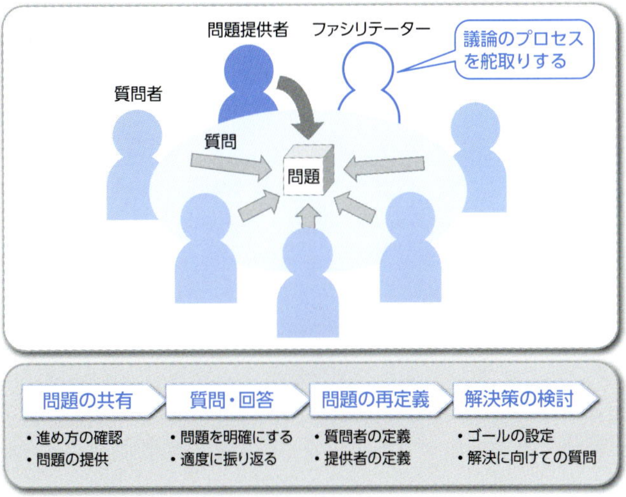
問題提供者
ファシリテーター
議論のプロセスを舵取りする
質問者
質問
問題
問題の共有
・進め方の確認
・問題の提供
質問・回答
・問題を明確にする
・適度に振り返る
問題の再定義
・質問者の定義
・提供者の定義
解決策の検討
・ゴールの設定
・解決に向けての質問

●自分が舵取りできるものを考えよう

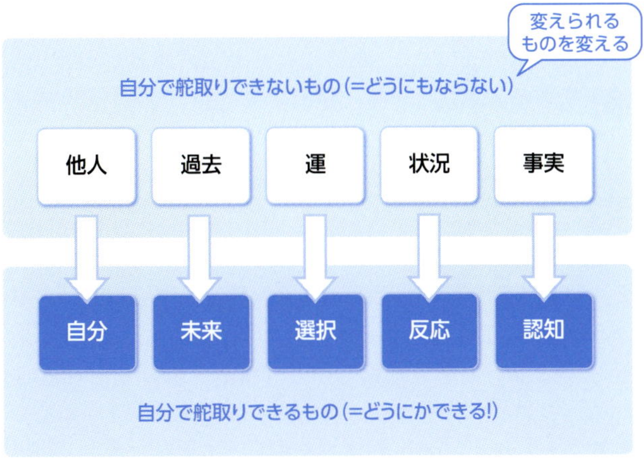
変えられるものを変える
自分で舵取りできないもの(=どうにもならない)
他人
過去
運
状況
事実
自分
未来
選択
反応
認知
自分で舵取りできるもの(=どうにかできる!)

Coffee Break

三人寄れば文殊の知恵が出るか？

本書で紹介しているアイデア発想フレームワークの多くは、個人ではなくチームで使うものです。そもそも私たちはなぜチームで発想しようとするのでしょうか。

いろんな視点から発想し、知識や情報を掛け合わせることで、多様なアイデアを網羅的に出すことができます。連想ゲームのようにみんなでアイデアをつないでいるうちにどんどん盛り上がり、思いもよらないようなアイデアが飛び出す「創発効果」も期待できます。みんなでやるからこそ、粘り強く考えられるという側面もあります。こういった「グループダイナミクス」が働くからこそ、みんなでアイデアを考えるわけです。

ところが、せっかく面白いアイデアをひらめいたのに、他の人が長々と話をしていて、発言する機会を失ってしまうことはないでしょうか。「こんなことを言うと笑われるかな」とアイデアを出すのを抑制してしまったり、「これは前に出たやつと同じだから」と自己規制をしたりもします。アイデアをポンポン出す人がいると、「あいつに任せておけばいいか…」と手抜きをする人も現れます。集団に働く悪い力、「グループ台無しくす」のなせる業です。

つまり、みんなで考えるのが必ずしもよいとは限らず、1人で考えたほうがよい場合もあるわけです。「三人寄れば文殊の知恵」はいつも成り立つわけではありません。残念ながら、このことは何十年も前に社会心理学の実験で証明されています。

チームの力が発揮できるかどうかは、2つの力のバランスで決まります。前者を促進しつつ、後者を抑制することが大切になってきます。それこそが、チーム活動を舵取りするファシリテーターのもっとも大切な役割なのです。

第Ⅳ章

発想支援のフレームワーク

38 KJ法

情報を統合して創造を生み出す

たくさんの断片的なアイデアや情報を組み合わせ、要旨を抽出していくことにより、解決すべき問題の全体像を描き出し、解決アイデアの方向性を見出していきます。

基本のカタチ **KJ法**は、**ブレスト**（→P34）と並び、もっとも普及している発想法です。考案者・川喜田二郎の頭文字から名づけられており、簡便法は**親和図法**と呼ばれています。

付箋などにアイデアや情報を書いて貼り出し、内容が近い（親和性の高い）ものを**グルーピング**します。次に、グループの内容を要約して、**ラベル**（表札）をつけます。この作業を、小→中→大グループと階層を上げながら繰り返し、グループ同士の関係を調べた後に、全体の結論を文章化します。

一連のプロセスにより、バラバラな情報が組み合わさり、総体として言わんとしていることが現れてきます。原因分析からアイデア出しまで幅広く使える優れた手法です。

応用のヒント KJ法のポイントの1つは、グルーピングの仕方にあります。ありきたりな切り口で分類してしまうと、単なる情報整理法になってしまい、発想法にまで至りません。情報と情報の新たな類似性を見つけ、斬新な切り口でグルーピングすることが、新たなアイデアにつながります。

もう1つのポイントは、ラベルにつけた言葉にあります。切り口をそのまま使ったり、安易に抽象化してしまうと、やはり整理にすぎなくなります。アイデア同士を見比べ、「何に関することなのか？」ではなく、「何を言わんとしているのか？」を洞察することが大切です。幅広い意味を持ちながらもエッジの効いた言葉をつけるように心がけましょう。

●発散から収束まで1つでできるKJ法

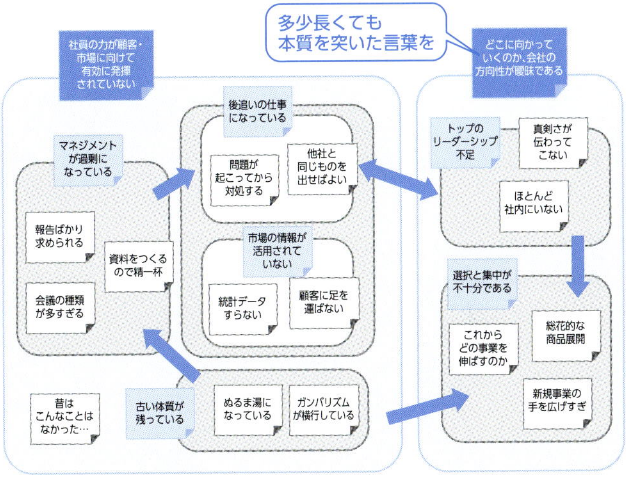
多少長くても
本質を突いた言葉を
社員の力が顧客・市場に向けて有効に発揮されていない
どこに向かっていくのか、会社の方向性が曖昧である
後追いの仕事になっている
マネジメントが過剰になっている
問題が起こってから対処する
他社と同じものを出せばよい
トップのリーダーシップ不足
真剣さが伝わってこない
ほとんど社内にいない
報告ばかり求められる
資料をつくるので精一杯
会議の種類が多すぎる
市場の情報が活用されていない
統計データすらない
顧客に足を運ばない
選択と集中が不十分である
これからどの事業を伸ばすのか
総花的な商品展開
新規事業の手を広げすぎ
昔はこんなことはなかった…
古い体質が残っている
ぬるま湯になっている
ガンバリズムが横行している

●要旨を抽出して的確な言葉に表す

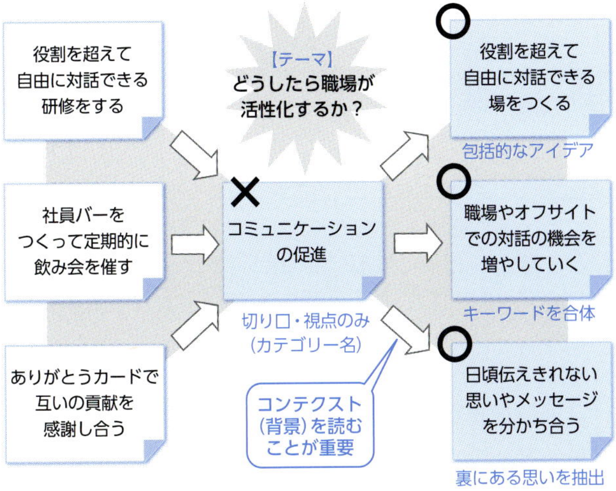
役割を超えて自由に対話できる研修をする
社員バーをつくって定期的に飲み会を催す
ありがとうカードで互いの貢献を感謝し合う
【テーマ】
どうしたら職場が活性化するか？
×
コミュニケーションの促進
切り口・視点のみ（カテゴリー名）
コンテクスト（背景）を読むことが重要
○
役割を超えて自由に対話できる場をつくる
包括的なアイデア
○
職場やオフサイトでの対話の機会を増やしていく
キーワードを合体
○
日頃伝えきれない思いやメッセージを分かち合う
裏にある思いを抽出

39 セブンクロス

課題と優先順位を明らかにする

考え出したアイデアを、それぞれの重要度に応じて優先順位をつけ、7×7のマトリクスで整理することにより、何をしなければいけないかを一目瞭然にしていきます。

基本のカタチ 検討するテーマが決まったら、みんなでアイデアや情報を付箋などに余すことなく書き出します。次に、それを**KJ法**(→P90)と同じ要領で7つのグループに分け、重要度の高い順に左から右へと並べます。

さらに、各グループの付箋から重要度の高い順に7つ選び出し、上から下へと並べます。そうすると最大49個のアイデアのマトリクスが、優先順位つきでできあがります。

これがK.グレゴリーが開発した**セブンクロス**で、形から**7×7法**とも呼ばれています。アイデアの整理と評価が一度にできる便利な手法です。しかも、何をしなければいけないかが誰の目にも明らかになる、という利点があります。

応用のヒント 物事を整理する1つのやり方が、テーマを構成要素に**分解**していく**演繹的アプローチ**です。幹から枝へと進めていく方法で、**属性列挙法**(→P96)、**形態分析法**(→P98)、**系統図法**などに用いられています。もう1つは、逆に枝から幹へ、つまり要素をすべて洗い出した上で、似たもの同士を塊にして**統合**していく**帰納的アプローチ**です。セブンクロスの他にも**KJ法**や**ブロック法**などに使われています。できれば、どちらも使えるようになっておきましょう。

ちなみに、セブンクロスで要素の数が7×7となっているのは、人間が短期的に記憶できる数が7±2であるという、**マジックナンバー7**の法則から来ているのだと推察します。

●7×7で整理するセブンクロス

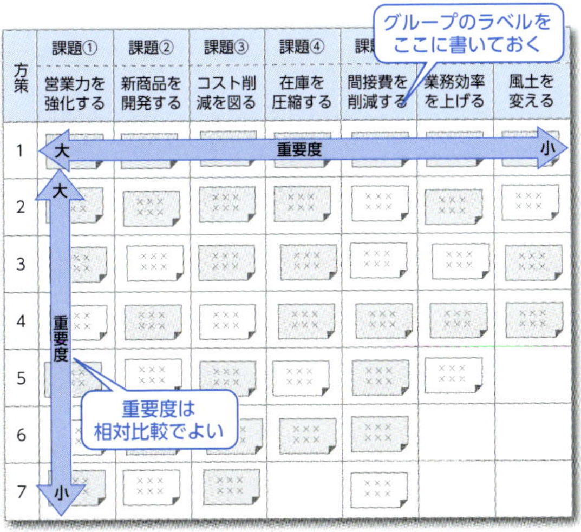
グループのラベルを
ここに書いておく
方策
課題①
営業力を強化する
課題②
新商品を開発する
課題③
コスト削減を図る
課題④
在庫を圧縮する
間接費を削減する
業務効率を上げる
風土を変える
1
2
3
4
5
6
7
大
重要度
小
重要度は
相対比較でよい

●2つのアプローチを使い分けよう

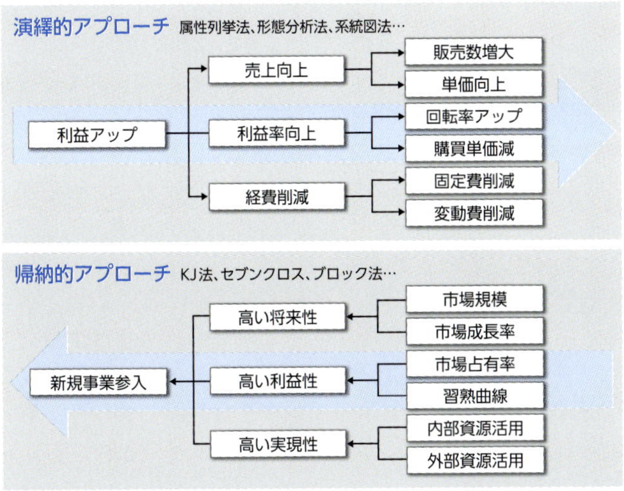
演繹的アプローチ 属性列挙法、形態分析法、系統図法…
利益アップ
売上向上
利益率向上
経費削減
販売数増大
単価向上
回転率アップ
購買単価減
固定費削減
変動費削減
帰納的アプローチ KJ法、セブンクロス、ブロック法…
新規事業参入
高い将来性
高い利益性
高い実現性
市場規模
市場成長率
市場占有率
習熟曲線
内部資源活用
外部資源活用

40 欠点列挙法

弱みを見つけて克服する

対象のマイナス要素をアラ探ししてから、それを克服するアイデアを出していきます。そうすることで、本当の問題に気づき、アイデア出しの焦点が定まります。

基本のカタチ アイデア出しでは、悪い点を見つけ出して直すことを考えがちになります。であれば、欠点や弱点を見つける作業と、それを克服するアイデアを出す作業を分けてやったほうが混乱せずにすみます。これが**欠点列挙法**です。

はじめに、対象の欠点・不満点・マイナス要素などを、**ブレスト**（→P34）を使って洗い出し、出尽くしたところで整理・評価をして絞り込みます。残った欠点に対して、もう一度ブレストをやって、問題を解決する方策を出していきます。出すアイデアは、欠点を克服するものでも、**リフレーミング**（→P82）を使って弱みを強みに変えるものでも構いません。両方含めてアイデアを評価して、優秀なものを選び出します。

応用のヒント この方法は欠点を起点に考えるため、現実的な**改善型**のアイデアになりがちです。それに対して、**改革型**の問題解決を目指すのが**希望点列挙法**です。やり方はまったく同じなのですが、欠点の代わりに「○○だったらいいな…」と希望・理想・欲求を挙げるところから始めます。

いずれも、モノやサービスの開発に向く手法であり、組織開発や社会変革などのもっと大きな問題にはK.レヴィンの**フォースフィールド分析**が適しています。問題解決に対して、プラスに働く力（推進力：強み）とマイナスに作用する力（抑制力：弱み）を列挙し、強みを最大限に伸ばし、弱みを最小限に抑えるアイデアを出し合っていく手法です。

●発散と収束を2回繰り返す欠点列挙法

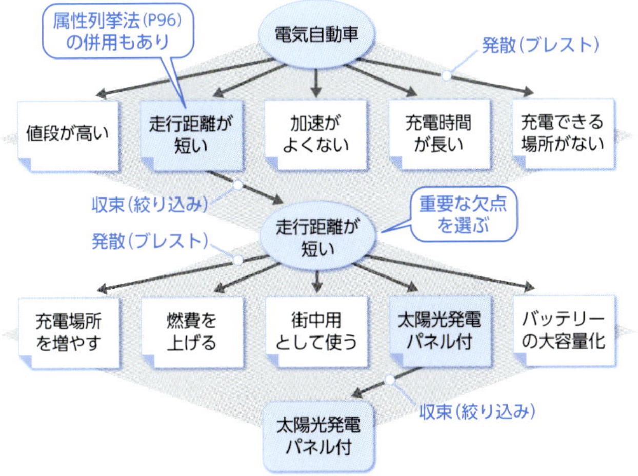
属性列挙法(P96)の併用もあり
電気自動車
発散(ブレスト)
値段が高い
走行距離が短い
加速がよくない
充電時間が長い
充電できる場所がない
収束(絞り込み)
重要な欠点を選ぶ
走行距離が短い
発散(ブレスト)
充電場所を増やす
燃費を上げる
街中用として使う
太陽光発電パネル付
バッテリーの大容量化
収束(絞り込み)
太陽光発電パネル付

●フォースフィールド分析で現状を変えるアイデアを

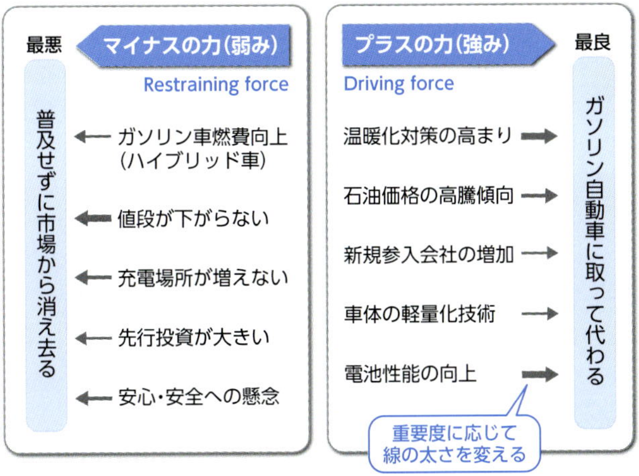
最悪
マイナスの力(弱み)
Restraining force
普及せずに市場から消え去る
ガソリン車燃費向上(ハイブリッド車)
値段が下がらない
充電場所が増えない
先行投資が大きい
安心・安全への懸念
プラスの力(強み)
Driving force
最良
温暖化対策の高まり
石油価格の高騰傾向
新規参入会社の増加
車体の軽量化技術
電池性能の向上
ガソリン自動車に取って代わる
重要度に応じて線の太さを変える

41 属性列挙法

物事を細分化して発想する

検討対象を名詞的特性、形容詞的特性、動詞的特性といったように属性（特性）で分けて考えると、アイデアが出しやすくなり、検討モレも防ぐことができます。

基本のカタチ 漠然と考えるよりも、検討する範囲を狭く（具体的に）するほどアイデアが出しやすくなります。R. クロフォード考案の**属性列挙法**はこの原理を応用しています。

仮にパソコンの新商品について考えるなら、いきなりアイデアを出すのではなく、まずはどんな属性に分けられるかを考えます。こういうときに、上野陽一が用いた**名詞的特性、形容詞的特性、動詞的特性**の3分類が役に立ちます。

たとえば、名詞的特性なら、それをさらに全体、部分、材料、製法と細分化していき、それぞれで何か改良できるところはないか、アイデアを出していきます。こうすれば、考えやすくなると同時に、網羅的にアイデアが出せます。

応用のヒント 属性の分け方は必ずしもこの3分類でなければいけないというわけではありません。要素、機能、特徴、便益などテーマに応じて工夫するとよいでしょう。

分解する際にヌケがあると未検討の領域が残ってしまいます。それを防ぐには**ロジックツリー**を使うのが効果的です。テーマをモレなくダブリなく（MECE（ミーシー）に）分解していき、ツリー（ピラミッド）図に表したものです。**特性要因図**（**フィッシュボーンチャート**）も同じ目的で使えます。

ただし、テーマを細分化してから発想する方法は、既存の枠組みを打ち破るアイデアを得るには力不足かもしれません。手堅い方法として活用するのが賢い使い方です。

●属性を分けて考えれば発想しやすくなる

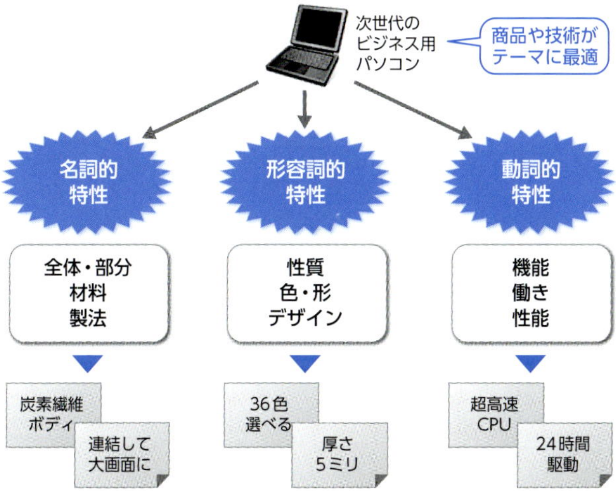
次世代の
ビジネス用
パソコン
商品や技術が
テーマに最適
名詞的
特性
形容詞的
特性
動詞的
特性
全体・部分
材料
製法
性質
色・形
デザイン
機能
働き
性能
炭素繊維
ボディ
連結して
大画面に
36色
選べる
厚さ
5ミリ
超高速
CPU
24時間
駆動

●ヌケモレなくアイデアを出すためのツール

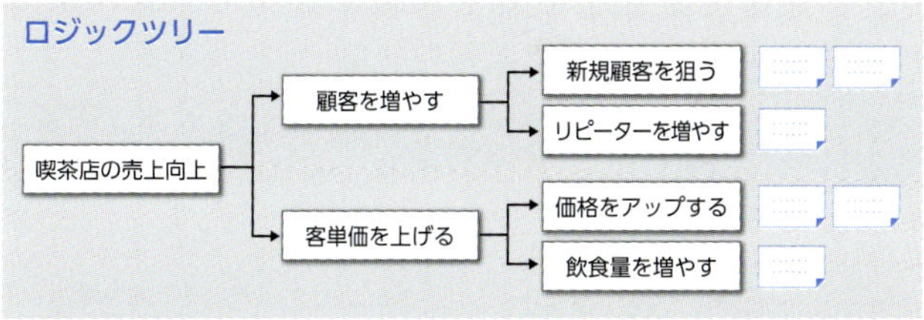
ロジックツリー
喫茶店の売上向上
顧客を増やす
客単価を上げる
新規顧客を狙う
リピーターを増やす
価格をアップする
飲食量を増やす

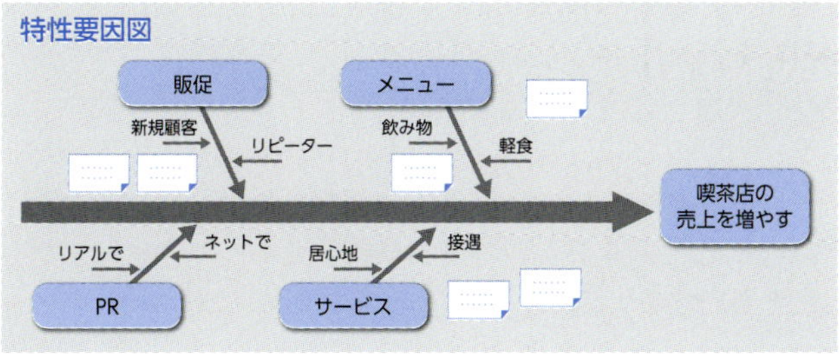
特性要因図
販促
メニュー
新規顧客
リピーター
飲み物
軽食
喫茶店の
売上を増やす
リアルで
ネットで
居心地
接遇
PR
サービス

42 形態分析法

すべての組み合わせを調べる

すべての要素の組み合わせを調べていけば、一切の予断を排した新しい組み合わせが見つかり、常識を打ち破る新しいアイデアが生まれる可能性があります。

基本のカタチ 「まえがき」で述べたように「アイデアは既存の要素の新しい組み合わせ」です。できる限り組み合わせを試せば、新しいアイデアが生まれるチャンスがあります。

F.ズイッキーが考案した**形態分析法**では、検討するテーマを構成要素（独立変数）に分解します。その上で、すべての組み合わせをしらみつぶしに調べ、アイデアが出せないかを考えていきます。実際には、右上図のようなチャートをつくって、すべてのボックスを埋めていくことになります。

要素の数が増えれば増えるほど、膨大な時間と手間がかかります。しかしながら、思い込みや先入観を一切排することができ、予想外のアイデアが得られる可能性が高まります。

応用のヒント テーマを要素に分解するところまでは**欠点・希望点列挙法**（→P94）や**属性列挙法**（→P96）と同じです。さらに組み合わせを考えるところがポイントであり、これらの手法と合わせて使うのもの1つのやり方です。

難点は、要素の数があまりに多いと、すべての組み合わせが調べられなくなること。そんなときにお勧めなのが、無作為に組み合わせるやり方です（**アイデアボックス、オポチュニティ・サークル**）。要素に分けた一覧表を用意しておいて、サイコロなどを使ってランダムに要素を選び、その組み合わせでアイデアを考えるのです。期待するレベルのアイデアが出たところでやめれば、時間の節約にもなります。

●しらみつぶしに考える形態分析法

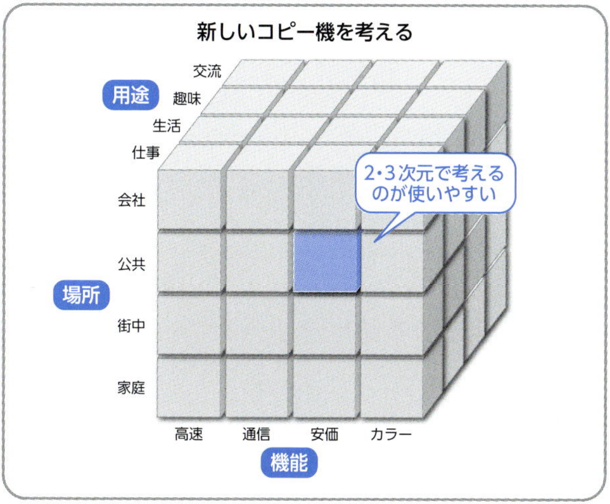
新しいコピー機を考える
用途
交流
趣味
生活
仕事
会社
公共
場所
街中
家庭
2・3次元で考える
のが使いやすい
高速
通信
安価
カラー
機能

●無作為に組み合わせて発想する

新しいレストランチェーンを企画する

	対象	立地	商品	ムード	サービス	付加価値
1	家族	繁華街	ファスト フード	モダン	音楽	ポイント
2	単身者	ロード サイド	和食	ワイルド	ショー	景品
3	カップル	田舎	中華	エレガント	会話	誕生日 特典
4	ビジネス	モール	洋食	クール	おもてなし	プレミアム
5	若者		エスニック	伝統的	コスプレ	VIP席
6	高齢者	駅ナカ	無国籍	アングラ	体験	演出

ありえない
組み合わせ
が面白い

43 シネクティクス法

アナロジーを使って発想する

問題を解決するにあたり、筋道立てて論理的に考えるのではなく、直観的に類似性を見出した事例からヒントを得ると、意外性のある着想が得られます。

基本のカタチ W. ゴードンが開発した**シネクティクス**（一見関係のなさそうなものを結びつける、の意味）**法**は、**アナロジー**（類比）を使った発想法の代表選手です。

一例を挙げると、積み重なる在庫を削減する方策を検討しなければいけないとします。そこで、専門家を含む検討グループをつくり、問題の概要と達成目標を共有化します。

次に、この問題と似たような事例を探します。すぐに思いつくのがダイエットで、1つの方法として「毎日鏡を見る」というのがあります。ここから「在庫をわざと見えるところに積み上げておく」というアイデアを思いつきます。これが、似たような事例をヒントにアイデアを出す**直接的類比**で、他に**擬人的類比**と**象徴的類比**があります。

応用のヒント ゴードンはこの考えをさらに発展させ、自分の名を冠した発想法もつくりました（**ゴードン法**）。在庫削減という本当のテーマを知らせず、「余分なものをそぎ落とす」という抽象的なテーマでブレストをやります。そこで出たアイデアから、真の課題の解決策を導いていきます。

他からアイデアを借りてくるアナロジー発想は**加減乗除**（→P72）でいえば乗算に相当し、他に**NM法**（→P102）や**システムアナロジー**などがあります。いつも我々がやっている**比喩**（ひゆ）はアナロジー発想そのもの。普段から何かにたとえられないかを考えることで、類比する力は高まっていきます。

●3種類のアナロジーを活用するシネクティクス法

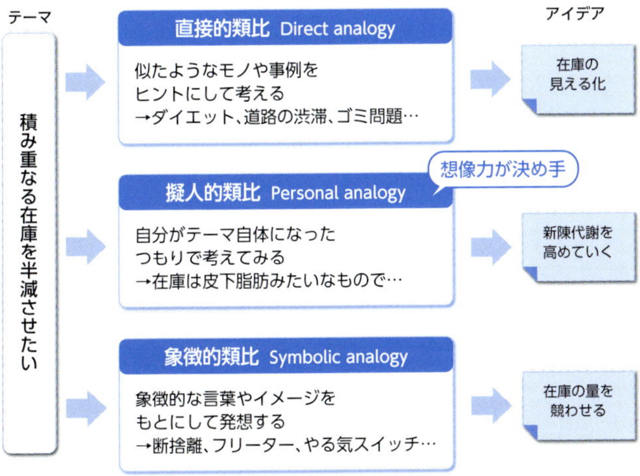
テーマ
積み重なる在庫を半減させたい
直接的類比 Direct analogy
似たようなモノや事例を
ヒントにして考える
→ダイエット、道路の渋滞、ゴミ問題…
擬人的類比 Personal analogy
想像力が決め手
自分がテーマ自体になった
つもりで考えてみる
→在庫は皮下脂肪みたいなもので…
象徴的類比 Symbolic analogy
象徴的な言葉やイメージを
もとにして発想する
→断捨離、フリーター、やる気スイッチ…
アイデア
在庫の
見える化
新陳代謝を
高めていく
在庫の量を
競わせる

●普段から「たとえる力」を鍛えておこう

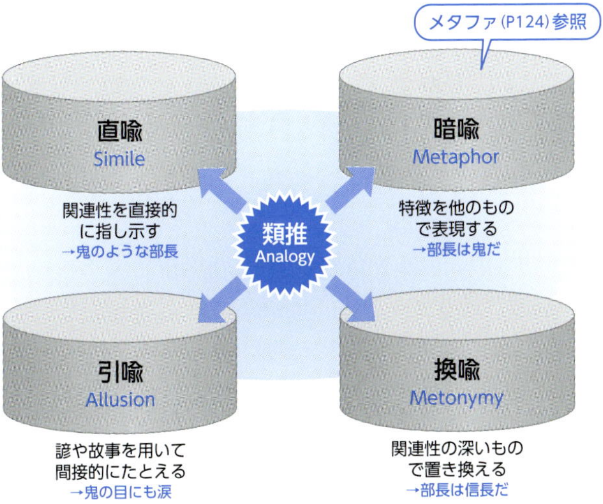
メタファ(P124)参照
直喩
Simile
関連性を直接的
に指し示す
→鬼のような部長
暗喩
Metaphor
特徴を他のもの
で表現する
→部長は鬼だ
類推
Analogy
引喩
Allusion
諺や故事を用いて
間接的にたとえる
→鬼の目にも涙
換喩
Metonymy
関連性の深いもの
で置き換える
→部長は信長だ

44 NM法

他の事例からヒントを得る

アナロジー（類比）として使える事例を見つけ出し、そこで働いている原理やメカニズムを元の問題に応用すれば、解決アイデアが発想しやすくなります。

基本のカタチ 発案者・中山正和の頭文字をつけた**NM法**は、**KJ法**（→P90）と並ぶ、日本発の優れた発想法です。**類比発想をシステマティックにやれるのが大きな利点です。**

アイデアを出すテーマ（TM）が決まったら、本質や機能を考え、いくつかのキーワード（KW）に分解します。次に、各々に対して、アナロジーとして使える事例（QA）を探し出します。ついでに絵にしておくと後で発想しやすくなります。

類比の対象が見つかったら、そこで何が起こっているか、どんな働きをしているのかを考え、原理や構造を明らかにします（QB）。その上で、それらをテーマを考える上でのヒントにして発想し（QC）、アイデアを具体化していくのです。

応用のヒント この手法のポイントはQAのステップにあります。「同じような原理・機能・働き・性質を持つものはないか？」「何かにたとえられないか？」を問いかけ、アナロジーとして使えるものを探していきます。あまりに近いものだとアイデアが広がらず、**一見遠いようでも意外な共通点がある、というくらいがちょうどよい加減です。**

NM法では、「要するに…」と本質的なものへとテーマを**抽象化**した上で、「たとえば…」と他の事例に**具体化**するステップを踏み、アナロジーを見つけやすくしています。このように、抽象思考と具体思考を自在に行き来できるようになると、発想の幅がグッと広がります。

●ステップを追って進めるNM法

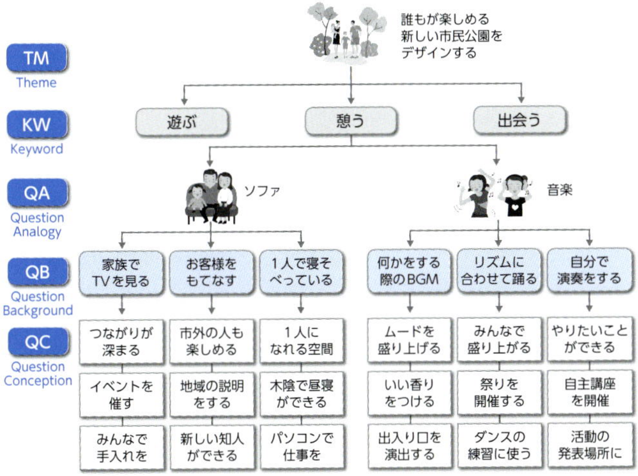
TM
Theme
KW
Keyword
QA
Question
Analogy
QB
Question
Background
QC
Question
Conception
誰もが楽しめる
新しい市民公園を
デザインする
遊ぶ
憩う
出会う
ソファ
音楽
家族で
TVを見る
お客様を
もてなす
1人で寝そべっている
何かをする
際のBGM
リズムに
合わせて踊る
自分で
演奏をする
つながりが
深まる
市外の人も
楽しめる
1人に
なれる空間
ムードを
盛り上げる
みんなで
盛り上がる
やりたいこと
ができる
イベントを
催す
地域の説明
をする
木陰で昼寝
ができる
いい香り
をつける
祭りを
開催する
自主講座
を開催
みんなで
手入れを
新しい知人
ができる
パソコンで
仕事を
出入り口を
演出する
ダンスの
練習に使う
活動の
発表場所に

●抽象化＋具体化でアナロジーを見つけ出す

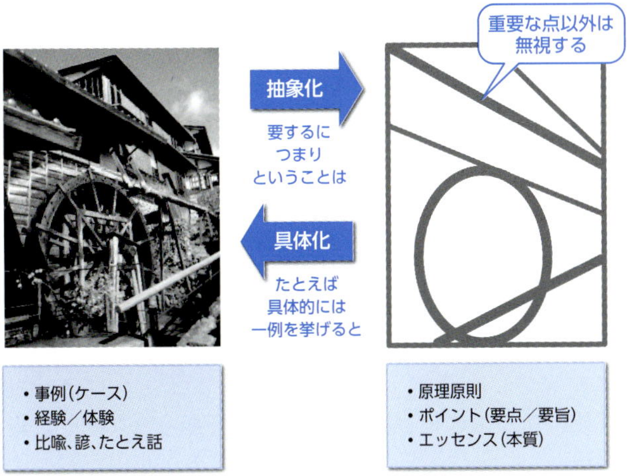
抽象化
要するに
つまり
ということは
具体化
たとえば
具体的には
一例を挙げると
重要な点以外は
無視する
・事例(ケース)
・経験／体験
・比喩、諺、たとえ話
・原理原則
・ポイント(要点／要旨)
・エッセンス(本質)

45 バリュー・エンジニアリング

機能とコストで価値を考える

モノやサービスが持つ本質的な働きに着目して、それがもっと安いコストでできないか、同じコストでもっと高い機能が提供できないか、幅広く代替案を考えていきます。

基本のカタチ 検討対象が持つファンクション（機能、効用など）に立ち返って問題解決するやり方を**ファンクショナル・アプローチ**と呼びます。L.マイルズが考案し、今では**バリュー・エンジニアリング**（VE: Value Engineering、**価値工学**）という技法となって多くの企業で活用されています。

VEでは、機能とコストの比を価値と定義し、**コスト当たりの機能や満足度の最大化を目指します。**たとえば、ハサミは何のためにあるのでしょうか。その本質的な機能や働きが「紙を切る」ことだとしたら、同じ機能をもっと安いコストで提供できないのか、あるいは同じコストでもっと高い機能が実現できないかを考えます。そうやって、さまざまな代替案を考えて、最善のものを選び取るようにします。

応用のヒント 代替案といっても何でもよいわけではありません。コストを下げたためにケガをする危険性が増したのでは元も子もありません。価値を提供される側の立場に立って考える必要があり、**使用者優先の原則**と名づけられています。その他にVEでは、**機能本位、創造による変更、チームデザイン、価値向上**の合計5つの原則が用いられます。

また、いくらVE的なアプローチをとっても、実際にアイデアが思いつかなければ意味がありません。SCAMPER（スキャンパー）（→P60）やERRC（エルック）などの**発想の切り口を組み合わせる方法と相性がよく、**代替案を考える際に活用するとよいでしょう。

●VEにおける機能、コスト、価値の捉え方

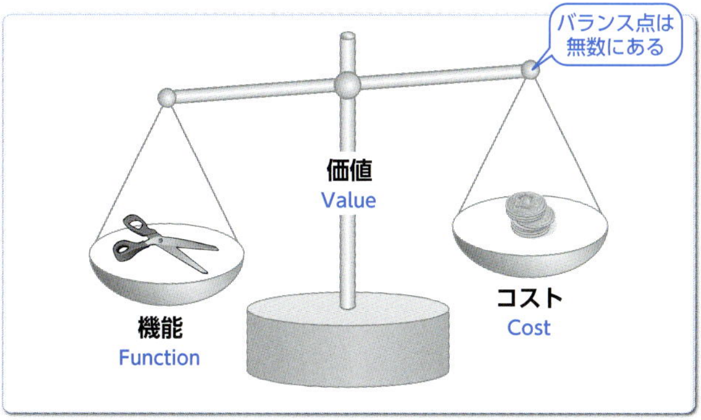

バランス点は無数にある
価値
Value
機能
Function
コスト
Cost

基本の考え方 | $$\frac{機能}{コスト} = 価値$$

●VEの進め方と守るべきルール

1 機能の定義
- それは何か
- その働きは何か

2 機能評価
- そのコストはいくらか
- その価値は何か

3 代替案作成
- 他に同じ働きをするものはないか
- コストはいくらか

VEの5原則

① 使用者優先の原則
② 機能本位の原則
③ 創造による変更の原則（アイデアや工夫により変更する）
④ チームデザインの原則
⑤ 価値向上の原則

ERRC

- 取り除く Eliminate
- 減らす Reduce
- 増やす Raise
- 創造する Create

46 バリューグラフ

最適のソリューションを考える

目指す価値を提供する手段はたくさんあります。目的と手段の連鎖を明らかにすることで、思い込みや囚われから自由になり、最適なソリューションを考えることができます。

基本のカタチ アイデアは単なる思いつきにすぎず、誰（**ターゲット**）にどんな価値（**ベネフィット**）を提供するのか、**コンセプト**を明確にしていかなければいけません。ところが、同じ価値が他の方法でも提供できるのに、最初のアイデアに引きずられて、最適なものになっていないことがあります。

それを防ぐには、「なぜ、そうするのか？」（上位目的）にさかのぼった上で、「それは、どうやったら実現できるのか？」（代替方法）を考えていくことです。そのためのツールが**価値工学**（→P104）の中で生まれた**バリューグラフ**です。

ハシゴを上下すれば、**思い込みやこだわりから自由になり、最適なソリューションをデザインできる**ようになります。

応用のヒント 同様の機能を持つツールに**イネブラー・フレームワーク**があります。いずれも**ロジカル・シンキング**で用いる**Whyツリー**のアイデア発想への応用です。

品質管理の世界では「なぜを5回繰り返す」ことで根本的な原因が発見できる、とされてきました。いわゆる**5 Whys**です。ところが、因果関係は必ずしも1対1ではなく、その思い込みが要因や代替案の見落としにつながる恐れがあります。

原因／結果や目的／手段のハシゴを上り下りして考えることは大事ですが、**「本当にそうなのか？」「他に考えられないのか？」と批判的に考える**必要があります。そこから、**メンタルモデル**を打ち破る革新的な発想が生まれてきます。

●バリューグラフで価値の最適化を図る

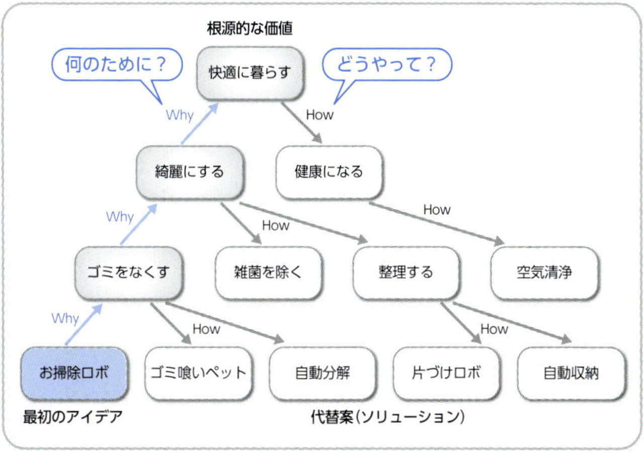

根源的な価値
何のために？
快適に暮らす
どうやって？
Why
How
綺麗にする
健康になる
Why
How
How
ゴミをなくす
雑菌を除く
整理する
空気清浄
Why
How
How
お掃除ロボ
ゴミ喰いペット
自動分解
片づけロボ
自動収納
最初のアイデア
代替案（ソリューション）

●メンタルモデル（思考の枠組み）を打ち破ろう！

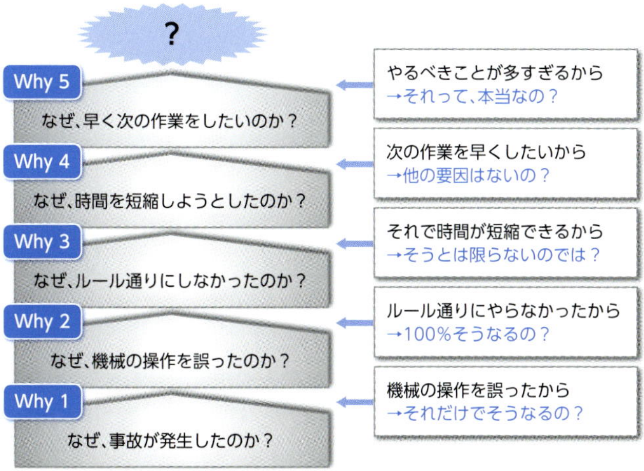

?
Why 5
なぜ、早く次の作業をしたいのか？
やるべきことが多すぎるから
→それって、本当なの？
Why 4
なぜ、時間を短縮しようとしたのか？
次の作業を早くしたいから
→他の要因はないの？
Why 3
なぜ、ルール通りにしなかったのか？
それで時間が短縮できるから
→そうとは限らないのでは？
Why 2
なぜ、機械の操作を誤ったのか？
ルール通りにやらなかったから
→100％そうなるの？
Why 1
なぜ、事故が発生したのか？
機械の操作を誤ったから
→それだけでそうなるの？

47 TOC

全体最適解で対立を解消する

ジレンマを含んだ問題は部分最適で考えても答えは出ません。前提条件が本当に正しいのか疑いの目を向け、全体最適のアイデアを考えていくことが解決への近道となります。

基本のカタチ 世の中には解決法が分かっているのに実行されないことが山ほどあります。1つの理由は、実行すると他に悪い影響が出てしまうからです。「あちらを立てればこちらが立たず」と**ジレンマ**が生じてしまうのです。

そんなときは、E.ゴールドラットの**TOC**(Theory of Constrains: 制約理論)が役立ちます。TOCでは、**対立が解消できないのは前提条件に誤りがある**ためと考えます。ある目的に対し「これしか方法がない」と手段を限定してしまうのが典型で、それがジレンマを生む元になっているのです。

TOCでは**対立解消図**を使い、「本当にそうでないといけないのか？」「他の方法では何がまずいのか？」を考え、**部分最適**ではなく、**全体最適**な解を探し出していきます。

応用のヒント もともとTOCは、生産現場での全体最適を考えるために開発されました。ものづくりは、いろんな作業(プロセス)がリレーされて成り立っています。どこかで問題が発生したり、弱いところ(**ボトルネック**)があると、他がいくら頑張っても思うような成果は上がりません。

であれば、ボトルネックの能力を100%発揮させ、他の作業をそこに合わせて無駄を省くのが得策。**そうやって捻出した資源を、ボトルネックの能力アップに投入**すれば、全体の**スループット**が向上できます。問題解決でいえば、誤った前提条件というボトルネックをなくすことが最善なのです。

●TOCでジレンマを解消するアイデアを

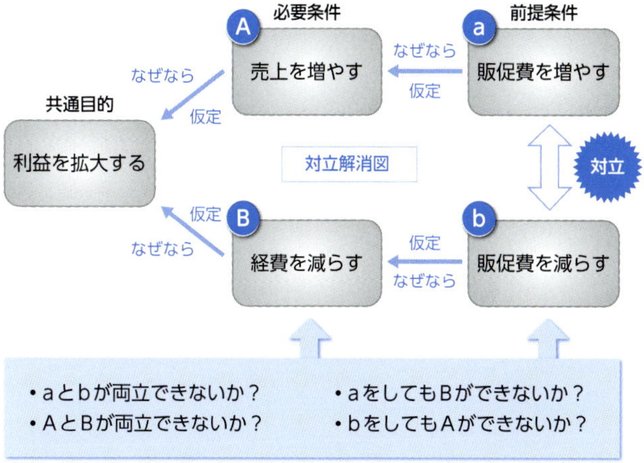
必要条件
A
売上を増やす
前提条件
a
販促費を増やす
なぜなら
仮定
共通目的
利益を拡大する
対立解消図
対立
B
経費を減らす
b
販促費を減らす
・aとbが両立できないか？
・AとBが両立できないか？
・aをしてもBができないか？
・bをしてもAができないか？

●ボトルネックが全体効率を決めている

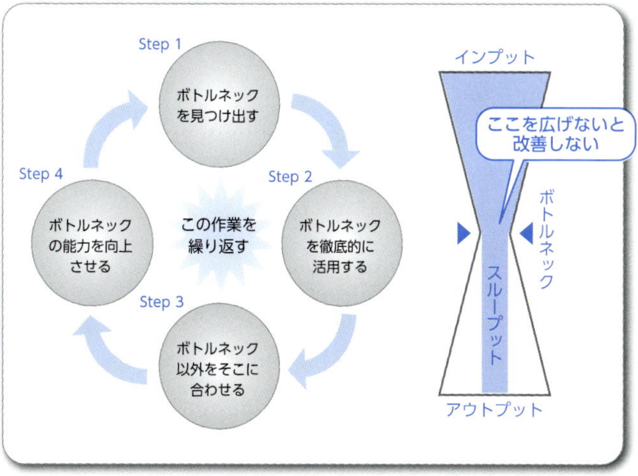
Step 1
ボトルネックを見つけ出す
Step 2
ボトルネックを徹底的に活用する
Step 3
ボトルネック以外をそこに合わせる
Step 4
ボトルネックの能力を向上させる
この作業を繰り返す
インプット
ここを広げないと改善しない
ボトルネック
スループット
アウトプット

48 因果ループ図

悪循環の構造から抜け出す

たくさんの要因が絡む複雑な問題の多くは、悪循環に陥っています。因果ループ図を使えば、全体構造が把握しやすくなり、構造を変えるアイデアも見つけやすくなります。

基本のカタチ なかなか解決がつかない問題は、原因と結果が絡み合った循環構造をなしていることがよくあります。

良かれと思って取ったアクションが、回り回って事態を悪化させるほうに作用してしまうのです。構造そのものが問題であり、構造を変えることでしか解決がつきません。

そんな時に役に立つのが、**因果ループ図**です。どの要因がどの要因を促進／抑制するのか、因果関係と作用の方向を分析するもので、問題の全体構造が把握しやすくなります。

その上で、ループを断ち切ったり、逆に作用するループを新たに加えたりできないかを考え、効き目の大きいアイデア（**レバレッジ**）を探し出します。そのときに「前提条件を疑う」という TOC (→P108) の考え方が役に立ちます。

応用のヒント 因果ループ図を書くときに細かいところにこだわりだすと、複雑になりすぎて本質がつかみづらくなります。ポイントを押さえてザックリとやるのがコツです。

悪循環の構造には、**応急処置の失敗**、**問題の転嫁**、**目標のなし崩し**、**成長の限界**などの原型があります。大まかな対処法も知られており、頭に入れておいて損はないです。

このように、問題を構造的に捉えて全体最適解を見出す考え方を**システムシンキング**と呼びます。因果ループ図はそのための重要なツールの1つであり、複雑性の高い問題の解決策を考えるときに威力を発揮します。

●要因同士のつながりを表す因果ループ図

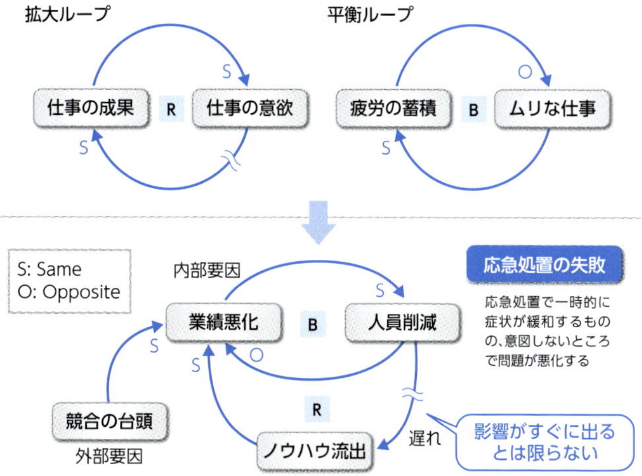

拡大ループ
仕事の成果
R
仕事の意欲
S
S
平衡ループ
疲労の蓄積
B
ムリな仕事
O
S
S: Same
O: Opposite
内部要因
業績悪化
B
人員削減
S
O
S
S
R
競合の台頭
外部要因
ノウハウ流出
遅れ
影響がすぐに出るとは限らない
応急処置の失敗
応急処置で一時的に症状が緩和するものの、意図しないところで問題が悪化する

●悪循環には一定のパターンがある

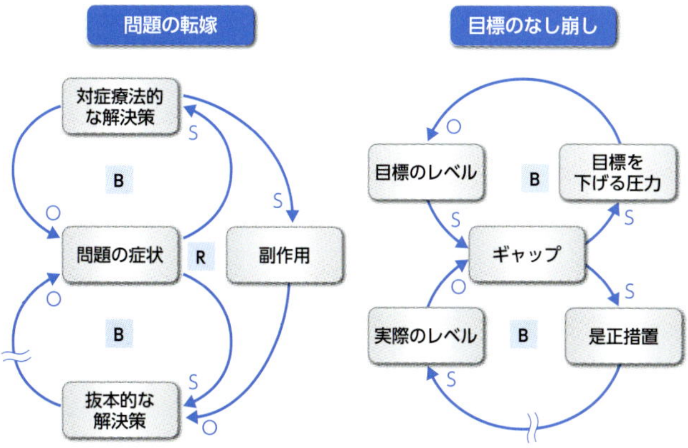

対症療法によって根本的に対処する意欲が低下し、問題が再燃して事態が悪化する

安易に目標を下げると、努力を怠るようになり、また目標を下げるハメになる

49 TRIZ（トゥリーズ）

問題を一般化して考える

問題をいきなり解決しようとせず、一般的な問題に定義し直して先例や原理を探し出し、それを問題に適用するという手順を踏むと、試行錯誤や思い込みを排することができます。

基本のカタチ 問題を前にしたときに、アイデアを発想しては試す、試行錯誤の中から最適な答えを見出そうとしがちになります。ところが、どんな問題であろうと、参考にすべき事例や原理があり、活用しない手はありません。

自分が抱える問題をいきなり解決しようとせず、一旦は抽象化して、一般的な問題として定義し直してみましょう。その上で、一般化された問題に対して、どんな先例や原理があるのか調べて、一般化された解決策を集めていきます。それらを今の問題に適用すれば、要領よく解決策が導けます。

これが、G. アルトシュラーが発案した**TRIZ**（トゥリーズ：発明的問題解決理論のロシア語訳）の考え方です。思いつきや思い込みを排した問題解決につながります。

応用のヒント TRIZの研究者たちは、膨大な特許を分析する中から、発明には一定のパターンがあることを発見しました。それらをまとめたのが**40の発明原理**です。

たとえば、一番目に挙げられている分割原理とは、物事を細分化していくことを意味します。冷蔵庫に当てはめて考えると、「野菜室を野菜の種類で分ける」「内ポケットや仕切りを細かくして増やす」というアイデアになります。

40の発明原理は**オズボーンのチェックリスト**（→P60）と同様に視点転換の切り口として活用できます。それを手軽にできるようにしてくれるのが**智慧（ちえ）カード**（→P70）です。

●一般化した解決策を当てはめるTRIZ

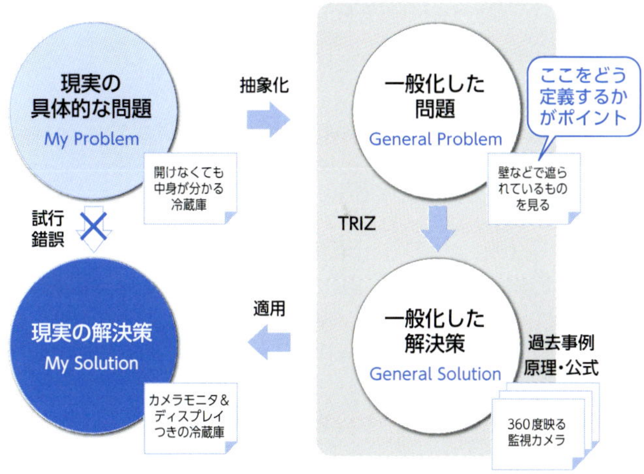

●40の発明原理で考えてみる

①分割	⑪事前保護	㉑超高速作業	㉛多孔質利用
②分離	⑫等位性	㉒害益転換	㉜変色
③局所性	⑬逆転	㉓フィードバック	㉝均質性
④非対称	⑭曲面	㉔仲介	㉞放棄再生
⑤組み合わせ	⑮ダイナミック	㉕セルフサービス	㉟状態変移
⑥汎用性	⑯アバウト	㉖模造品代替	㊱位相転換
⑦入れ子	⑰他次元転換	㉗安価短寿命	㊲熱膨張
⑧つりあい	⑱機械的振動	㉘機械代替	㊳高酸化利用
⑨予備対応	⑲周期的作用	㉙液体利用	㊴不活性利用
⑩先取り	⑳連続性	㉚薄膜利用	㊵複合材料

50 KT法

合理的に問題解決を進める

問題視している出来事に対して、状況分析、問題分析、決定分析、潜在的問題分析の4つのステップで検討していけば、合理的に意思決定を進められるようになります。

基本のカタチ 考案者C. ケプナーとB. トリゴーの頭文字をつけた**KT法**は、合理的に意思決定するプロセスを体系化したもので、問題解決のスタンダードと呼ぶべき手法です。

最大の特徴は、問題解決を4つのステップでロジカルに進めていくところにあります。「何が起きて、どうしたいのか？」(現状の把握と課題の設定)、「なぜ起きたのか？」(問題の明確化と原因の特定)、「どのように対処すべきか？」(目標の設定と最終案の決定)、「これから何が起きそうか？」(リスクの想定と対応計画)の4つです。

優秀な人間の思考や行動をパターン化したものであり、**状況分析**(SA)、**問題分析**(PA)、**決定分析**(DA)、**潜在的問題分析**(PPA)と名づけられています。

応用のヒント KT法は、合理的思考をシステマティックにできる優れた手法です。ところが、アイデアを「ひらめく」のと、考えを「深める」のとでは頭の使い方が違います。前者を**創造思考**(**クリエイティブ・シンキング**)、後者を**論理思考**(**ロジカル・シンキング**)と呼びます。分かりやすくいえば、筋道を立てて考えるかどうかの違いです。

前者だけでは本質を見失う恐れがあり、後者だけでは斬新なアイデアが生まれません。理想的なのは、創造思考と論理思考の両刀使いです。KT法も、アイデア発想の部分に創造思考を組み合わせることで、さらに洗練されていきます。

●4つのステップで進めるKT法

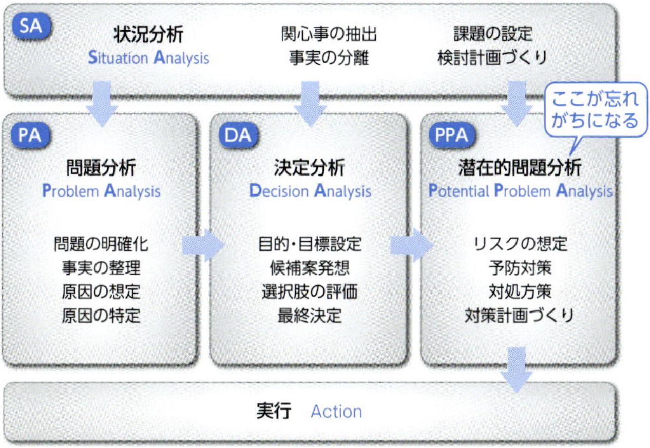
SA
状況分析
Situation Analysis
関心事の抽出
事実の分離
課題の設定
検討計画づくり
ここが忘れがちになる
PA
問題分析
Problem Analysis
問題の明確化
事実の整理
原因の想定
原因の特定
DA
決定分析
Decision Analysis
目的・目標設定
候補案発想
選択肢の評価
最終決定
PPA
潜在的問題分析
Potential Problem Analysis
リスクの想定
予防対策
対処方策
対策計画づくり
実行 Action

●論理思考と創造思考を組み合わせる

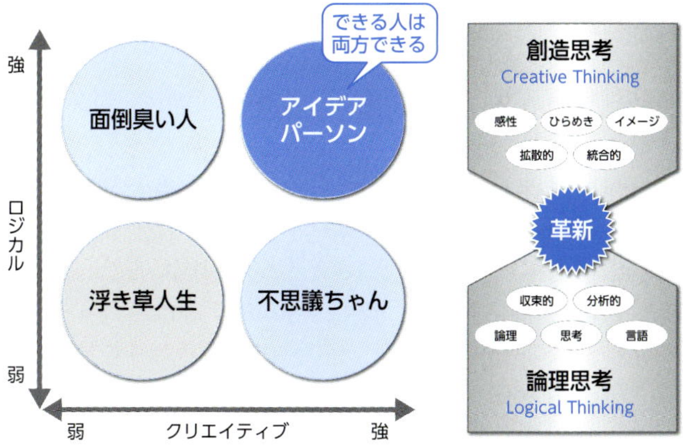
できる人は両方できる
強
ロジカル
弱
面倒臭い人
アイデアパーソン
浮き草人生
不思議ちゃん
弱
クリエイティブ
強
創造思考
Creative Thinking
感性
ひらめき
イメージ
拡散的
統合的
革新
収束的
分析的
論理
思考
言語
論理思考
Logical Thinking

51 フューチャーサーチ

未来を探究し道筋をつくる

相反する利害を持った関係者が集まり、過去・現在・未来のステップで対話を積み重ねることで、共通の拠り所を発見し、具体的な行動に向けてのアイデアを生み出します。

基本のカタチ 解決が難しい複雑な問題に対して、利害関係者が一堂に会して共に未来の姿を描いていくのが、M.ワイスボードらが開発した**フューチャーサーチ**です。

はじめに**タイムライン**(→P26)を使って、個人、ローカル、グローバルの視点で過去を振り返ります。次に、現在の課題に影響を与えているトレンドを**マインドマップ**(→P44)を使って整理し、**プラウド&ソーリー**(→P144)を明らかにします。その上で、未来のありたい姿を話し合い、それがあたかも実現したかのように**スキット**(→P132)で表現します。

さらに、そこで表現されていた価値観から共通の拠り所(**コモングラウンド**)を抽出して合意を築きます。最後に**アクションプラン**をつくって3日間のセッションを終えます。

応用のヒント 多様な人々が**過去・現在・未来**と対話する中で**4つの部屋**と呼ばれるダイナミックな変化が起こります。巧みに組み合わされたフレームワークの使い方を覚えるだけではなく、変化のプロセスを舵取りすることが重要です。

満足の部屋にいて安心していた人が、馴染みのないものにぶつかると**否認**しようとします。恐れや不安にさいなまれて**混乱**し、「どうにもならない」と絶望の淵に立たされます。この状態こそが**レヴィンの変革モデル**の変化のステップに当たります。あるがままの自分を素直に認めて受け入れるところから**再生**が始まり、未来に向けての希望が生まれてきます。

●共に未来を描くフューチャーサーチ

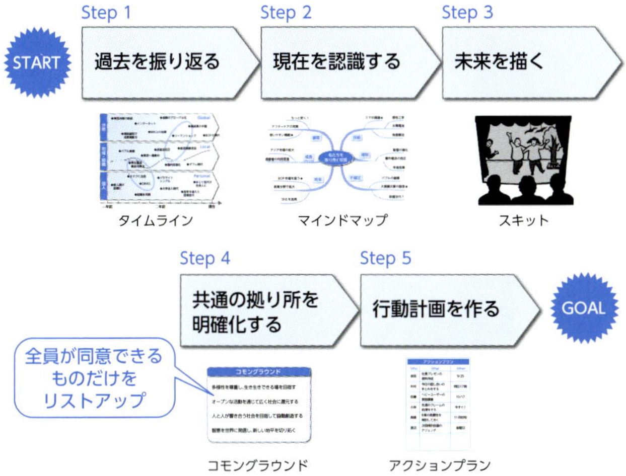
START
Step 1
過去を振り返る
Step 2
現在を認識する
Step 3
未来を描く
タイムライン
マインドマップ
スキット
Step 4
共通の拠り所を明確化する
Step 5
行動計画を作る
GOAL
全員が同意できるものだけをリストアップ
コモングラウンド
アクションプラン

●集団の変容プロセスを舵取りする

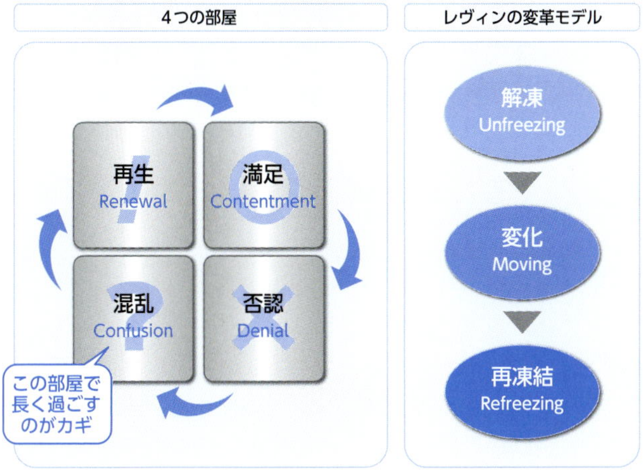
4つの部屋
再生
Renewal
満足
Contentment
混乱
Confusion
否認
Denial
この部屋で長く過ごすのがカギ
レヴィンの変革モデル
解凍
Unfreezing
変化
Moving
再凍結
Refreezing

Coffee Break

不透明な未来を見通すには？

もしあなたが20年前にインターネット社会の到来を見通せていれば、大きなチャンスをものにできたはず。優れたアイデアを出す１つのカギは未来を正しく見通すことです。

その際の一番の拠り所となるのが、学者やアナリストといった経済学や社会学の専門家たちの見解です。当然、素人が考えるよりも正しく未来を洞察していると思いがちです。

ところが、これが当てにならないのは日ごろ経験する通り。実際、専門家の予測がどれくらい当たったかを事後に調べたところ、確率以上の有意性はなかった、という研究があります。当たり外れは偶然でしかなく、予測できたと思うのは「後知恵バイアス」(P137)だというのです。加えて、ファッション界のように、専門家が予測するから市場がそうなった、という自己成就的な予測も世間にはたくさんあります。

それどころか、大衆のほうが信用できるという研究があります。普通の人々の意見を集めて平均をとると、専門家よりも正確に未来が予測できた、という話です。「集合知」と呼ばれる不思議な力です。ただし、集合知が働くにはいくつかの条件があり、下手をすると「衆愚」に陥ってしまいます。

このように、未来が予測できるかどうかですら、専門家の意見が一致しません。しかも、私たちが直面しているのは、いろんな要因が絡み合う複雑な問題です。偶然に起こった小さな出来事が思いもしなかった大きな現象へと増幅され、もはや未来は予測不能になってしまったのかもしれません。

パソコンの父アラン・ケイは「未来を予測する最善の方法は、自ら未来をつくりだすことである」と言いました。アイデア発想フレームワークはまさにそのためのものなのです。

第V章

試作検証のフレームワーク

52 モデリング

アイデアをカタチにする

アイデアをブラッシュアップするにはプロトタイプをつくるのが近道です。実際に3次元のモデルをつくってみれば、アイデアの不具合や不明確な点が一目瞭然となります。

基本のカタチ アイデアやコンセプトをブラッシュアップする方法の1つが**プロトタイピング**（試作）です。といっても、アイデアを第三者に評価してもらうためのデモではありません。アイデアからどんな経験が得られるのか、実際に試してみてアイデアに早期にフィードバックをかけるのが目的です。いわば、考えるために試作をするわけです。

カタチがあるものなら、紙や粘土などを使い、手で触れる**モデル**をつくるのが手っ取り早いです。ブロックの玩具レゴを用いて表現したり、パッケージだけつくって説明する**デザイン・ザ・ボックス**でも構いません。単にカタチをつくるのではなく、モノを使ったときにどんな体験を顧客がするのか、経験をプロトタイプすることが重要になってきます。

応用のヒント モデリングをさらに発展させると、室内や街の**ジオラマ**づくりとなります。そこで繰り広げられる出来事やドラマを表すことができます。さらに、部屋一杯にジオラマを広げて、**世界をつくる**のも楽しいです。

モノづくりに入ると、作業に没入して凝ったものをつくろうとしがちになります。しかしながら、プロトタイピングで重要なのは、アバウトでよいから早くつくること。あくまでも目的はアイデアの検討であり、少しくらい不細工でもよいので、手間暇をかけずスピーディにカタチにしていきましょう。その過程で不具合や疑問点が見つかるはずです。

●モデルをつくってアイデアを表現する

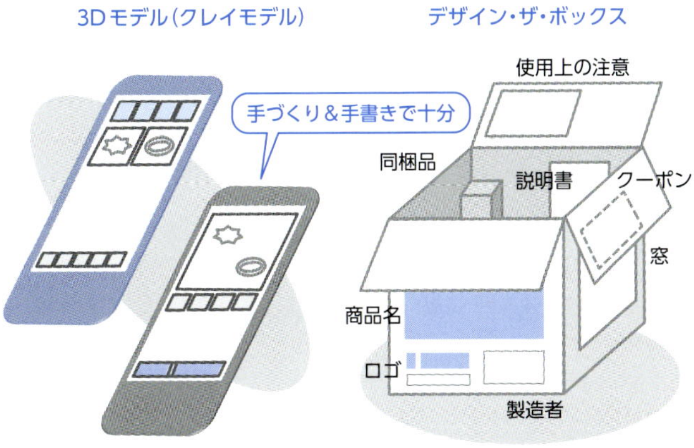

3Dモデル(クレイモデル)
手づくり&手書きで十分
デザイン・ザ・ボックス
使用上の注意
同梱品
説明書
クーポン
窓
商品名
ロゴ
製造者

●プロトタイピングの技法を使い分ける

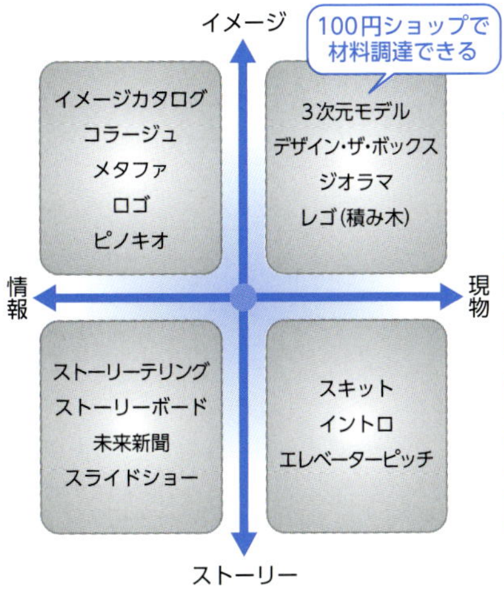

イメージ
100円ショップで
材料調達できる
イメージカタログ
コラージュ
メタファ
ロゴ
ピノキオ
3次元モデル
デザイン・ザ・ボックス
ジオラマ
レゴ(積み木)
情報
現物
ストーリーテリング
ストーリーボード
未来新聞
スライドショー
スキット
イントロ
エレベーターピッチ
ストーリー

プロトタイピングの違い

ロジカルシンキング	クリエイティブシンキング
モノ	経験
説得	学習
精緻	アバウト
じっくり	スピーディ
一発勝負	試行錯誤
試作者	発案者

53 コラージュ

イメージを用いて表現する

雑誌やカタログにある写真や絵を切り貼りしてつくったコラージュは、無意識にあるイメージを掘り起こしたり、感性や意識を伝えるのに役立ちます。

基本のカタチ アイデアによっては、言葉ではうまく説明ができないイメージや意識を伴うことがあります。そういった感性的なものを表現するのに**コラージュ**が役に立ちます。

やり方は簡単です。まず、ビジュアルがたくさん載った雑誌やカタログを大量に集めます。次に、アイデアのイメージに近い写真や絵をどんどん切り抜いて、1枚の紙に貼り合わせていきます。このときに、あまり深く考えず、インスピレーションを活かして素材を選ぶことが大切です。

作品（**ムードボード**）ができあがったら、伝えたい人に見せて、感覚を理解してもらいます。さらに、意味や理由などを説明して、自分のイメージを伝えるようにします。

応用のヒント コラージュは発想法として応用することもできます。「わが社」「10年後」「リーダー」といった抽象的なテーマを設定して、直感的にひらめいたビジュアルを配置していきます。できあがった作品は、希望や恐れといった、無意識に抱いている何かのイメージを表しているはず。それが何かを、作品から読み取っていくのです。

こういった、ビジュアルを駆使して右脳的に考える手法を**ビジュアル・シンキング**と呼びます。たとえば、**ロジカル・シンキング**では、物事を理解するのに**構造化の4タイプ**を用います。そこにちょっとしたビジュアルを加えるだけで、アイデアを広げる力と伝える力が飛躍的に高まります。

●コラージュを使って感覚を表現する

タイトルや
ロゴなどの
文字情報も
STOP

●ビジュアル・シンキングで発想を刺激する

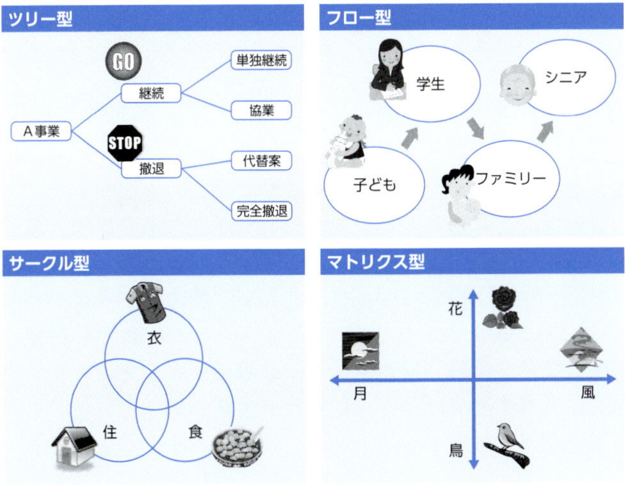

ツリー型
GO
A事業
継続
単独継続
協業
STOP
撤退
代替案
完全撤退
フロー型
学生
シニア
子ども
ファミリー
サークル型
衣
住
食
マトリクス型
花
月
風
鳥

54 メタファ

言語化しにくいイメージを表す

アイデアを何かにたとえることで、心の中にあるイメージが喚起され、共有しやすくなります。擬人化、場所化、モノ化、コト化のメタファ4種はいつでも使える心強い味方です。

基本のカタチ 「まるで○○のように」と、何かにたとえることで言葉では表現しにくいイメージを分かち合えることがあります。**シネクティクス法**（→P100）や**NM法**（→P102）のように、**たとえたものをヒントにしてアイデアが膨らむこともあります。**これが**メタファ**の効用です。

一例を挙げると、「チームのビジョン」についてアイデアを出し合い、何となくコンセンサスができました。ところが、本当に同じ将来像を抱いているか心もとないものがあります。

そんなときは、**擬人化、場所化、モノ化、コト化**の**メタファ4種**が役に立ちます。たとえば、遊園地にたとえて個性あふれる楽しいチームを表現してみましょう。みんなの意識がピタッと一致し、メタファから新たな発想が膨らんでいきます。

応用のヒント **メタファの力を高めるには絵にしてみる**のが一番。**ピクチャーカード**（→P50）と同様、ビジュアルが右脳に働きかけてイメージを喚起してくれます。

この原理を応用した**ピノキオ**という手法があります。ピノキオでは、商品やサービスのアイデアを友人（キャラクター）とみなします（擬人化）。友人が、特定のシーンでどのように振る舞うかを想定し（コト化）、その行動から**特徴、価値、関係、差異、原動力**の5つを明らかにしていきます。実際に、アイデアに顔や手足をつけてポーズをとらせ、その絵を見ながら議論すればイメージが膨らみやすくなります。

●どんなテーマでも使える万能メタファ4種

擬人化	場所化	モノ化	コト化
森・木・花	山・海	乗り物	音楽・ダンス
動物・怪獣	公園・遊園地	服・靴	料理・宴会
仏・英雄	温泉・ホテル	食物・酒	運動・スポーツ
太陽・星	市場・都市	家庭用品	戦争・競争
家族・友人	学校・工場	機械・道具	冠婚葬祭
ロボット	家・畑	IT機器	旅・登山

> この仕事も頂上まであとわずか。間もなく陽が昇る…。

●擬人化してアイデアを考えるピノキオ

1. 私はどんなもの？
   - 起きるまでに時間がかかる
   - フレンドリーにつきあいをする
   - ときどき機嫌が悪くなる
   - 必要なときに役に立つ
   - 頼りがいがある
   - どんどん進化する

2. 私の価値観は？（行動の元になる考え方）
   - 動的な知性派
   - スマートに解決する

3. 属するコミュニティは？
   - 倒れるビジネス
   - 子どもから大人まで

4. 他と違っているところは？
   - 思いので注意を
   - よく働くが命が短い

5. 私の戦いとは？
   - つなげて
   - の支援をする

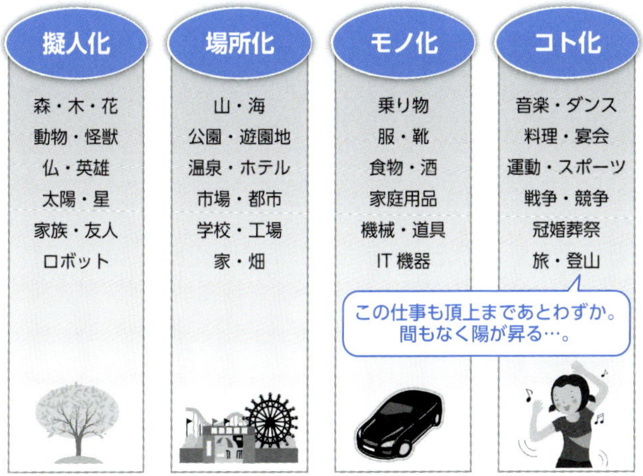

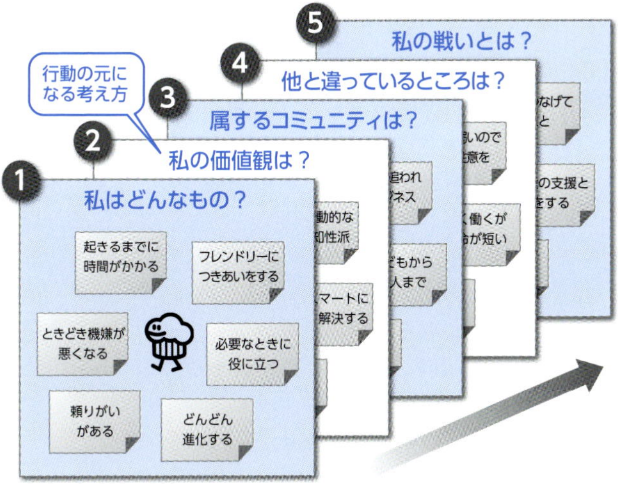

55 イメージカタログ

コンセプトをメッセージ化する

できあがったコンセプトを、カタログやポスターといった宣伝物として表現してみると、どれくらい魅力やアピール力があるか手軽に調べることができます。

基本のカタチ **モデリング**(→P120)のようにモノをつくらなくてもアイデアをブラッシュアップする方法がいくつかあります。比較的やりやすいのが**イメージカタログ**です。

アイデアが商品化されたときにどのように顧客に伝えるか、宣伝やPRのマテリアルをつくってみるのです。そうすれば、魅力や価値が明確になっているか、顧客の心に響く説明ができるかがチェックできます。カタログと名づけられていますが、広告、チラシ、ポスター、CM、ウェブサイトなど、コミュニケーションツールであれば何でも構いません。

文章だけではイメージが伝わらないので、写真や図解などを盛り込んで視覚に訴えるようにするのがポイント。**コラージュ**(→P122)を活用するのも一法です。

応用のヒント 宣伝物をつくる際に一番大切なのが**タイトル**(ネーミングやキャッチコピー)です。コンセプトを一言で表しつつ、好奇心を刺激するタイトルが求められます。**タイトルの7原則**を活かして、斬新ながらも「なるほど、そういう意味か」と納得感のある言葉をつくるようにします。

しっくりくるタイトルが思いつかなかったり、やたら長いものになったとしたら、そもそもコンセプトのエッジが立っていないのかもしれません。**バリューグラフ**(→P106)や**CVCA**(→P30)を用いて、そのアイデアは本当にユニークな価値を生み出しているのか、検証が必要となります。

●コンセプトを伝えるイメージカタログ

実物のレイアウトを借りる

●タイトル（ネーミング）の７原則を活用する

造語法が役に立つ

アイデア発想に関するビジネス書

1. エッジの効いた一言でスッキリ表す ▶ アイデア・イノベーション
2. 期待や願望、危機感を伝える ▶ 固い頭を打ち破れ！
3. 言葉の意外な組み合わせをつくる ▶ 超マンネリ発想法
4. 数字や事例で具体性を持たせる ▶ d.schoolの技法21
5. 謎、非常識、逆転で興味を引く ▶ アイデアの時代の終焉
6. メタファでイメージを喚起する ▶ S. ジョブズ式創造法
7. お得感やお役立ち感を打ち出す ▶ 60分で分かる発想ガイド

56 カバーストーリー

出現する未来を表現する

アイデアが描く未来が出現したとしたら、新聞や雑誌にどのように報道されるか。それを考えることで、アイデアのポイントがクリアになり、本当にやりたいことが見えてきます。

基本のカタチ アイデアが生み出す未来が実現したらどうなるか。それを描くのが**カバーストーリー**（巻頭記事）です。

いま考えているアイデアが何年後かに大成功を収めました。明日の新聞1面にどんな記事が載るでしょうか。そんな**未来新聞**をつくってみると、アイデアの完成度が分かると同時に、どんな素晴らしいアイデアなのか人に伝えやすくなります。アイデアが切り拓くビジョンの共有に役立ちます。

さらに、記事を眺めながら、「なぜこんな記事を書いたのか？」を掘り下げて考えてみましょう。きっと、心の奥底に無意識に抱いている願望や期待が見つかり、本当にやりたいことが明らかになるはずです。

応用のヒント 新聞のほかにも、雑誌の表紙やTVニュースを制作するといったやり方があります。いずれにせよ、「未来を過去形で表現する」ことで、未来の果実を味わうと同時に、実現に対する自信が湧いてきます。リアルにつくったほうが伝える力が強くなりますが、出来栄えよりもつくる過程の議論が重要です。アイデアがさらにレベルアップするとともに、実現に向けての意識が共有されていくからです。

未来の物語は、**意外性**（ワクワク）と**納得性**（ナルホド）を両立させるのが理想です。そのためには、常識を打ち破る発想の転換を内包しつつ、**必要性・効果性・現実性**の3つを兼ね備えていることがポイントになります。

●カバーストーリーで未来を表現しよう

未来新聞

雑誌表紙

TVニュース

●説得力あるビジョンをつくるには

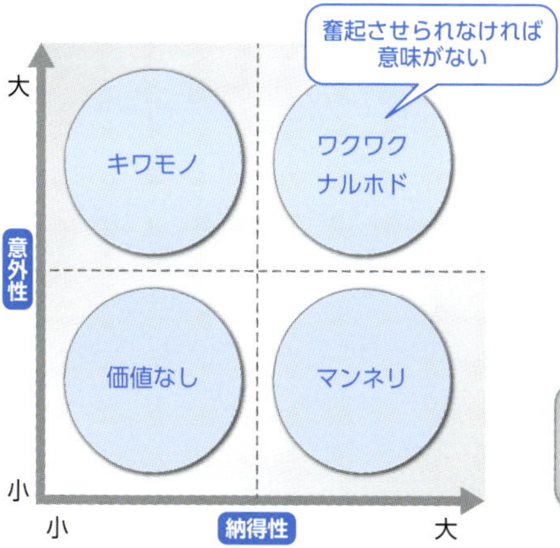

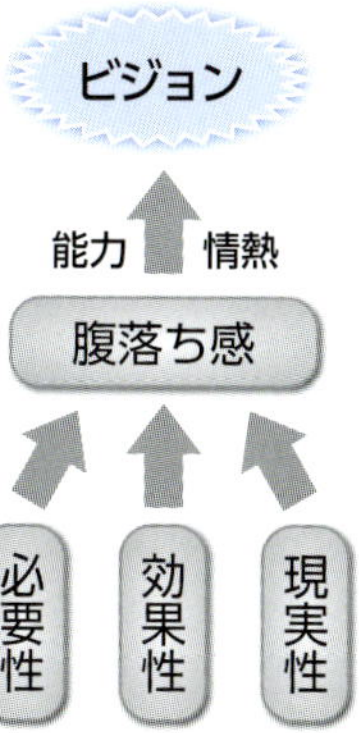

57 ストーリーテリング

アイデアを物語で伝える

具体的なエピソードを交えた物語は、メッセージや思いを伝える強い力を持っています。さまざまな方法でストーリーを語れば、アイデアに対する率直な意見が集められます。

基本のカタチ 資料だけのプレゼンでは、情報は伝わっても思いが届いたかどうか怪しいものがあります。**具体的なエピソードや経験談は、感情、意味、暗黙知などを伝える力が強く、**ダイレクトな反応を得るのにもってこいです。

たとえば、アイデアが実現したシーンをエッセイ風の物語（**ストーリー**）にして読み上げてみましょう。**未来の一日**と呼ばれる手法で、聞き手の共感の度合いでアイデアの良し悪しが分かります。そこにビジュアルや会話（台詞）を加えると、**ストーリーボード**（絵コンテ）になります。さらに**紙芝居**にして語れば相手の心に響きやすくなります。本格的にやりたい人は、**スキット**（→P132）にしてみんなで演じたり、ムービーにして上映するという手も使えます。

応用のヒント よくある失敗は、メッセージが不明確な独りよがりの物語をつくってしまうこと。背景情報が共有されていない、展開に飛躍がある、難しすぎてついていけない、といったものです。そうならないよう、**相手の目線で構成や流れをしっかりと練り上げておく**ことが何より大切です。

共感性の高い物語をつくるために、小説や映画で培われてきた**物語の基本パターン**を応用するのも一法です。**起承転結型**や**英雄伝説型**などの原型が知られており、誰でも感動の物語をつくることができます。ただし、あまり凝りすぎると本来の目的を見失いかねず、注意して使うようにしましょう。

●ストーリーボードで物語を表現する

1
弱ったなあ…

A氏は難しい悩みを抱えて困っていました。それは彼が開発した商品がお客様にまったく受けず…

そこでA氏は顧客の状況をつかむために、フィールドワークの旅に出ることにしました。まずは…

3
ラフな手描きの絵で十分

最初の街で出会ったB氏は、商品をとるなりスイッチを入れたり切ったり。説明書を読むこともせずに…

次の街で出会ったC氏は、ちょっと変わっています。自分は商品に手を触れずに、友達の様子を見て…

5
なんだ。
そうなのか！

実はそれはC氏がズボラなわけではなく、D嬢への好意を伝えるための、けなげな行動だったのです。

そこでA氏は、はじめて自分の製品の本当の価値に気がつきました。それはA氏が予想もしなかった…

●物語の基本パターンを活用しよう

起承転結型

起（設定・発端）→ 承（展開・発展）→ 転（山場・転換点）→ 結（結末・事後）

英雄伝説型（簡易）　感動を生む物語の王道

セパレーション（分離・旅立ち）→ イニシエーション（通過儀礼）→ リターン（帰還）

英雄伝説型（詳細）

日常の世界 → 冒険への誘い → 冒険への拒絶 → 賢者との出会い → 第一関門突破 → 危険への接近 → 試練・仲間・敵対者 → 最大の試練 → 報酬 → 帰路

58 スキット

物語を演じて表現する

ありとあらゆる表現要素が盛り込まれた演劇は、アイデアを訴求し洗練させる優れた方法の1つです。演劇への抵抗感をいかに払拭するかが、うまくやるカギとなります。

基本のカタチ アイデアが実現したらどんな世界が現れるのか。それを演劇で表現するのが**スキット**（寸劇）です。そのためには、脚本、配役、台詞、舞台などを決めなければならず、**自然とアイデアが磨かれ、本当に伝えたいこともクリアになってきます。**実際に演じてみれば、登場人物の気持ちが分かり、見ているほうも感情移入しやすくなります。アイデアに対する共通理解をつくるのにも役立ちます。

ストーリーテリング（→P130）との違いは、配役と台詞を用意しないといけないこと。物語の登場人物（キャラクター）については原型があり、うまく使えば劇に広がりが出ます。さらに、布、紙、段ボールなどの小道具を用意しておけば、物語をリアルに演出することができます。

応用のヒント 「いい大人が馬鹿らしい」「そんな恥ずかしいことはできない」という抵抗感こそが、スキットの最大の敵です。いきなりやると大火傷をするので、**アイスブレイク**（→P80）や**インプロ**（→P134）で**場を温めながら、少しずつ「そそのかす」**のが、うまくやるコツです。

それでも難しいときは、**エレベーターピッチ**をお勧めします。たまたまエレベーターに乗り合わせた上司に、数十秒～1分程度で部下がアイデアを売り込むスキットです。相当アイデアとトークを練り込んでおかないと、あっという間に時間切れになり、コンセプトのチェックとしても最適です。

●よくある劇中の登場人物たち

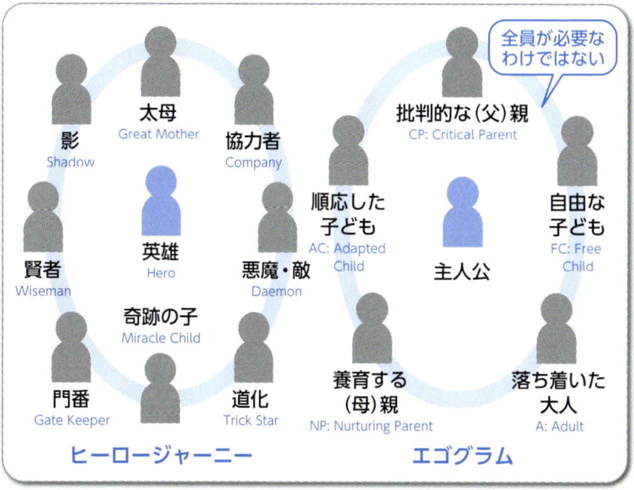
全員が必要な
わけではない
影
Shadow
太母
Great Mother
協力者
Company
賢者
Wiseman
英雄
Hero
悪魔・敵
Daemon
奇跡の子
Miracle Child
門番
Gate Keeper
道化
Trick Star
ヒーロージャーニー
批判的な（父）親
CP: Critical Parent
順応した
子ども
AC: Adapted
Child
主人公
自由な
子ども
FC: Free
Child
養育する
（母）親
NP: Nurturing Parent
落ち着いた
大人
A: Adult
エゴグラム

●エレベーターピッチは時間との戦い

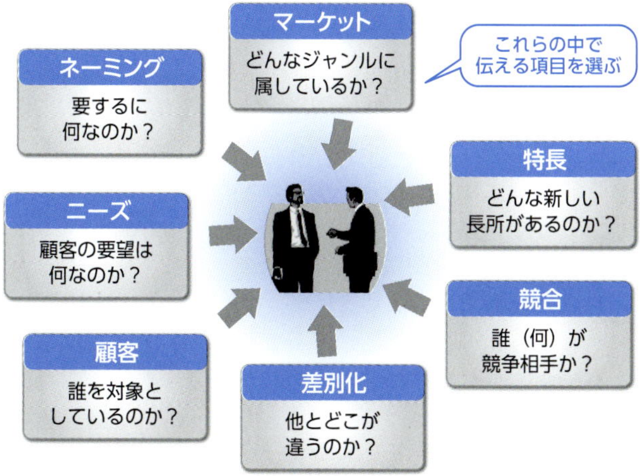
マーケット
どんなジャンルに
属しているか？
これらの中で
伝える項目を選ぶ
ネーミング
要するに
何なのか？
特長
どんな新しい
長所があるのか？
ニーズ
顧客の要望は
何なのか？
競合
誰（何）が
競争相手か？
顧客
誰を対象と
しているのか？
差別化
他とどこが
違うのか？

59 インプロ

即興でドラマをつくりあげる

アイデアが目指す世界を即興で演じると、予期せぬ出来事が起こり、思わぬ方向に話が展開していきます。それがアイデアを磨くヒントになり、同時にチーム力も高めてくれます。

基本のカタチ **インプロ**（improvisationの省略形）は**即興**という意味です。台本も打ち合わせもリハーサルもなしで、まったくのアドリブで**スキット**（→P132）を創作していくのがインプロです。即興演劇だけに、何が起こるか分からず、予定調和を超えたところに醍醐味があります。

仮に、図書館に寝泊まりする新しいサービスを発案したとしましょう。どんなことが起こるかを調べるために、いろんなタイプの客や図書館の職員になりきって、図書館の1日を即興で演じていきます。そうすると、さまざまな偶然や事件が起こり、意図しない方向に話が展開していきます。人生はまさにドラマであり、即興にもかかわらずリアルな出来事が起こり、それがアイデアを練り上げる貴重な材料になります。

応用のヒント 自分が思い描いた筋書きに沿って演じようとしたり、意図する方向へ他人を舵取りしようとすると、インプロは盛り上がりません。相手がやったことに瞬発的に反応することが大事で、予期せぬ展開はその積み重ねで生まれます。それこそが、相互作用が高いチームであり、チーム力を高めるのにも大きな貢献をしてくれます。

いきなりやるのは危険で、**インプロゲーム**と呼ばれる即興力を高めるエクサイズで肩慣らしをしてから始めるのが無難です。**アイスブレイク**（→P80）として、あるいは発想力を高めるトレーニングとしても大いに効果があります。

●インプロはチームの相互作用が決め手

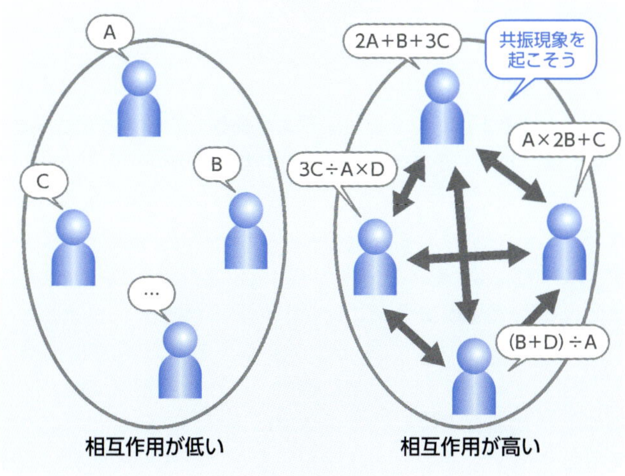

●発想力を高めるインプロゲームの例

イエス、アンド

相手の提案に対して、イエス+アンド(P52)で応え合い、どんどんアイデアを膨らませていく。

今度の日曜、海に遊びにいかないか？
いいわね！じゃあ、BBQをやろうよ

それはいい！

相手のネガティブな悩みをリフレーミング(P82)して、ポジティブな意味づけをしていく。

ちょっと太っちゃって服が入らないの
それはいい！服を買い替えるチャンスだ

ワンワード

順番に一言ずつ言葉(単語+助詞or接続詞)を紡いでいき、みんなで即興で物語をつくっていく。

昔むかし
あるところに
お爺さんと

連想ゲーム

前の言葉から直感的に連想する言葉を場に出して、次の相手を指名して、連想をつなげていく。

ハイキング
サンドイッチ
コンビニ弁当

60 シナリオプランニング

未来をシナリオで描写する

環境変動要因のインパクトや不確実性を予見し、複数の未来のシナリオを用意するために対話を重ね、不確実で予測不能な未来に対処する力を高めていきます。

基本のカタチ 「20年後の事業展望」といった、**ストーリーテリング**(→P130)や**スキット**(→P132)で表現しづらい大きな物語には**シナリオプランニング**が適しています。

いくつかの手法がありますが、基本的な進め方は同じです。将来どんなことが起きるのか、どんな仕組みで動いているのか、どんな困難が待ち受けているのか、誰がどのように振る舞うのか、その意図は何なのかなどを、環境分析に基づいていくつかの物語としてまとめていきます。

ただし、大切なのは過程。「何が起こるのか？」だけを議論するのではなく、**「なぜ起こるのか？」「どんな構造がそれを引き起こすのか？」を話し合う**ことが重要となります。

応用のヒント 勘違いしてほしくないのですが、シナリオプランニングの目的は、未来を予測することではありません。物事には予測できるものもあれば、できないものもあります。予測をしようとあまり勢い込むと、**思考バイアス**にはまってしまい、何をしているか分からなくなります。

本来の目的は、シナリオづくりのプロセスを通じて、想像力を膨らませて環境変化を予見し、共通理解をつくることです。採るべき戦略を考え、不確実な時代に対処する能力をつけていくことです。**想定外をできるだけ減らし、何が起こっても機敏に対処できるようになる**こと。これこそがシナリオプランニングの意味であることを忘れないようにしましょう。

●シナリオプランニングで未来に対処する

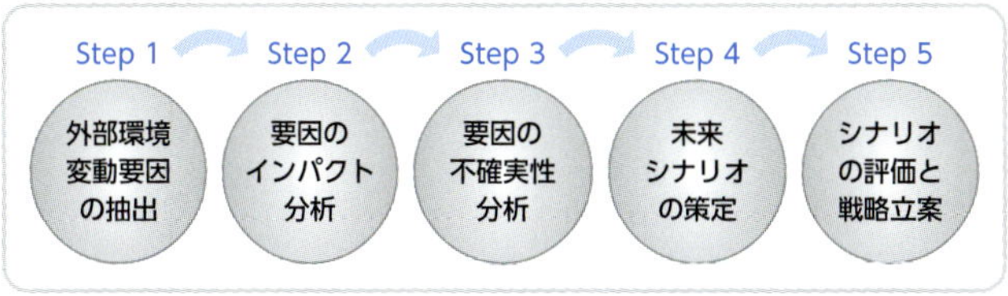

Step 1
外部環境変動要因の抽出
Step 2
要因のインパクト分析
Step 3
要因の不確実性分析
Step 4
未来シナリオの策定
Step 5
シナリオの評価と戦略立案

不確実性 ＼ インパクト	大	小
大	即応力を高める（究極の策）	静観する
小	対処する	無視する

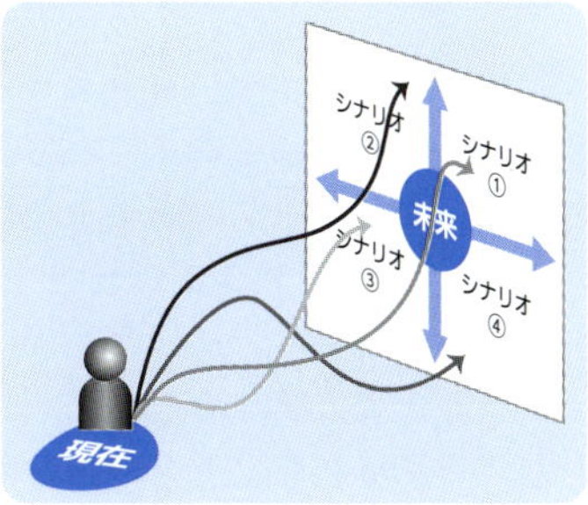

●思考バイアスに気をつけよう

確証バイアス	自分の仮説に合った情報ばかり目につく
代表性バイアス	珍しい事例を一般化してしまう
自己奉仕バイアス	自分に都合の良い要因を見つけ出す
利用可能性バイアス	見出しやすいことを過大評価してしまう
後知恵バイアス	後づけで理屈をつけて正当化する P118参照
多数派同調バイアス	多数派の意見が正しいと思ってしまう
偶然性バイアス	偶然に起こったことに法則性を見出す
過剰評価バイアス	起こる確率が低いことを過剰に評価する
一貫性バイアス	一貫性のあるストーリーを聞くと信じてしまう

61 ギャラリーウォーク

全体でアイデアを分かち合う

グループの成果を全体で分かち合うには、いくつかのやり方があります。できるだけ広く伝えたい話し手と、できるだけ深く知りたい聞き手とを勘案して、最適な方法を選びます。

基本のカタチ 集団でアイデアを検討する際に、グループに分かれて議論することがよくあります。そのときに悩むのは、どうやってグループの成果を全体で分かち合うかです。

順番にグループに**プレゼン**をしてもらうのが常套手段です。しかしながら、時間がかかるわりには、突っ込んだやりとりができず、興味のない発表にもつきあわなくてはなりません。そんなときに役立つのが**ギャラリーウォーク**です。

各グループが思い思いに発表の場所（ブース）を陣取り、美術館の絵でも眺めるように、歩き回って聴く方法です。これなら、時間が大幅に短縮できる上に、**自分の興味ある発表に集中でき、相互のコミュニケーションも深くなります。** **ドット投票**（→P142）と組み合わせることもできます。

応用のヒント この他にも方法があります。ギャラリーウォークの形をとりつつ、ブースに資料だけ残し、一定時間間隔でブースを一斉に移動して見て回るのが回遊型（**エクスカーション**）。プレゼンを2～3のグループ相手にやり、一番よいものを全体発表に回すのが勝ち抜き型（**トーナメント**）。いずれにせよ、限られた時間の中で、**話し手の伝えたい気持ちと聞き手の自由度を勘案して選ぶ**ことになります。

どの方法をとろうが、発表そのものがうまくないと伝えたいことが伝わりません。基本的なプレゼンのフレームワークを習得しておけば、伝える力は大いに高まります。

●密度濃く語り合えるギャラリーウォーク

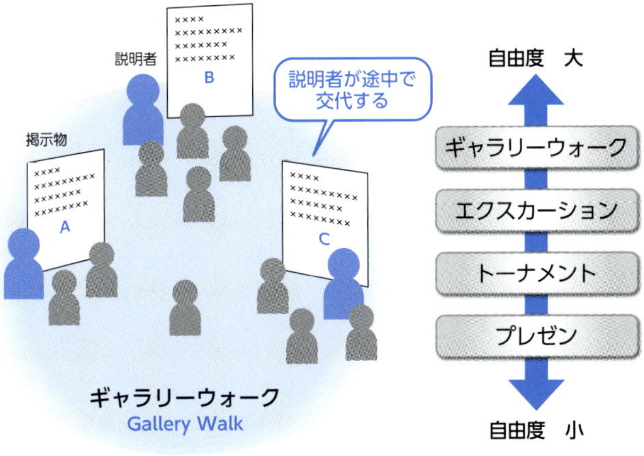

●プレゼンのフレームワークを習得する

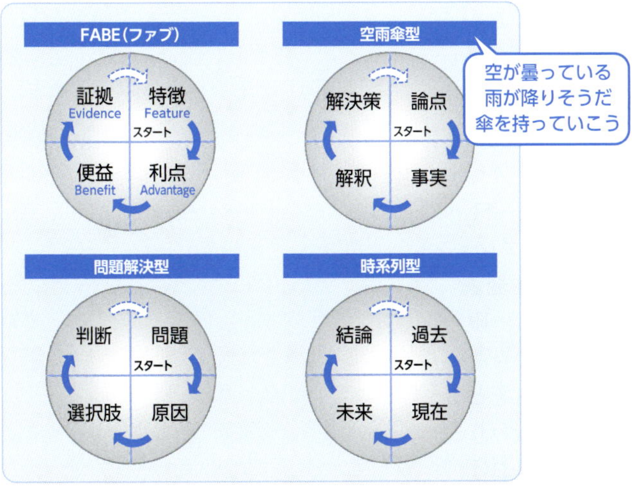

Coffee Break

最強のフレームワークはどれ？

本書であまりにたくさんのフレームワークを紹介したため、「どれを使えばいいの？」と悩む方がいらっしゃるかもしれません。そんな方のために選び方のヒントをお話しします。

おそらく知りたいのは、優れたアイデアをもっとも効率的に生み出す方法、ではないかと思います。ところが、ここに落とし穴があります。優れたアイデアかどうかはやってみないと分からず、他の要因や偶然性に結果が左右されるからです。

たとえば、大ヒットを生み出した企業があり、そこで使っている手法は一見優れているように思えます。しかしながら、その商品はたまたま成功しただけで、続く商品は大失敗するかもしれません。短期的に当たるか外れるかはサイコロを転がすようなもの。繰り返し転がしてみて長期的に検証しないと、優位性、すなわち成功確率は判断できません。

だからといって結果ではなくプロセス、つまり原理的に優れたものを選ぶのも難しいものがあります。創造という行為は合理性が高いからといって、うまくいくとは限らないからです。

だとしたら、結果やプロセスではなく、モチベーションで決めてはどうでしょうか。興味が湧いたものがあったら、とにかくやってみましょう。気に入れば続ければよいし、気に入らなければ別のものに挑戦すればよいだけの話。

気に入ったものでも、長く続けていると必ず飽きてマンネリになります。それこそが発想の大敵。節操なく別のやり方にスイッチしましょう。アレンジを加えてみて新しい名前をつけるのもよく、それだけでも新鮮に思えるはずです。そうやって、アイデア発想という「古い酒」を「新しい革袋」でくるみ続けることこそが「クリエイティブ」ではないでしょうか。

第Ⅵ章

評価決定
のフレームワーク

62 ドット投票

アイデアに優先順位をつける

吟味すべきアイデアがたくさんあるときは、どのアイデアから検討していくか、優先順位をつけたり、前もって予備選抜をかけておけば、要領よく作業が進められます。

基本のカタチ たくさんのアイデアが出たときに、これからどれを優先的に検討していくか、予備選抜をしたいときに重宝するのが**ドット投票（多重投票）**です。

まず、選抜するアイデアをホワイトボードや紙に書いて貼り出します。1人に3～5枚の丸いシールを配り、気に入ったアイデアに貼ってもらいます。終わったら、貼られたシールの数を数えて、アイデアに優先順位をつけていきます。

その際に、評価基準に応じてシールの色を変えると、なぜそれが選ばれたかが分かりやすくなります。1つのアイデアに複数枚を貼ってよいか、自分のアイデアに投票してよいか、事前に投票のルールとして決めておきます。

応用のヒント **これは、あくまでも検討する優先順位を決めるための投票であって、多数決ではありません。**何位まで検討対象とするのか、優先順位の低いアイデアを完全に落とすかどうか、全員で話し合って決めるべきものです。

ドット投票は、誰がどれを選んだかが分からない無記名投票です。それに対して、1人ひとりの意思を知りたいときもあります。その際は、手の上げ下げで意思を表す**手挙げアンケート**、選択肢を旗で示す**旗揚げアンケート**、指の数で意思表示する**5本指コンセンサス**、親指の向きで賛否を表す**サムズアップ**などを用います。いずれも、短時間で大人数の意見を集めることができ、ワークショップに向いた方法です。

●ドット投票でアイデアを絞り込む

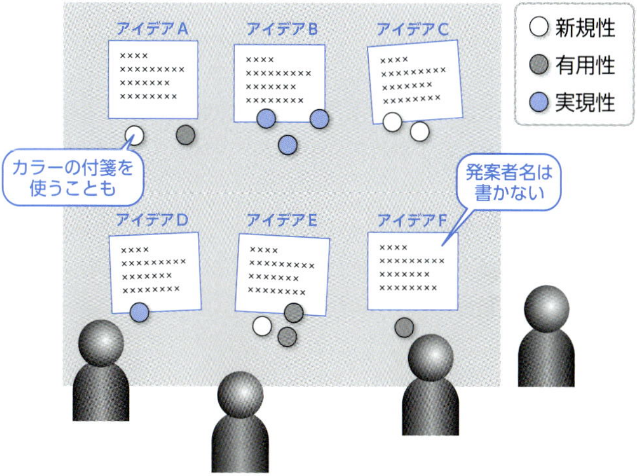
アイデアA
アイデアB
アイデアC
アイデアD
アイデアE
アイデアF
新規性
有用性
実現性
カラーの付箋を使うことも
発案者名は書かない

●アイデアの評価を集める方法あれこれ

手挙げアンケート

旗揚げアンケート

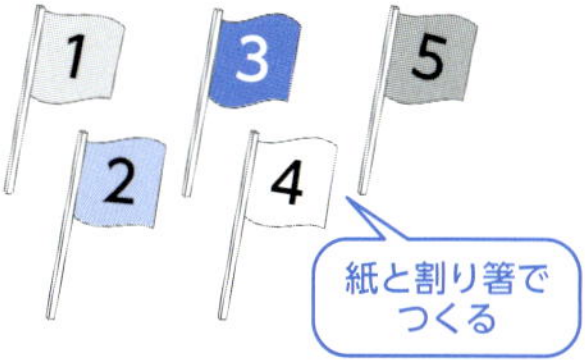

5本指コンセンサス

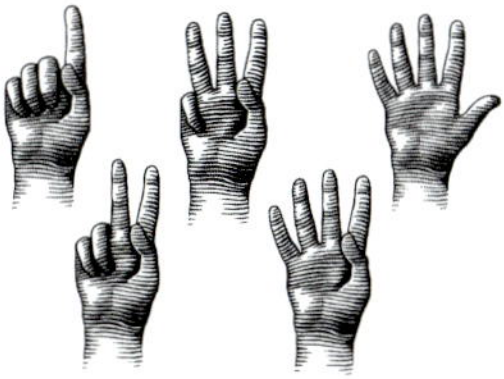

サムズアップ、サムズダウン、
サムズサイドウェイ
Thumbs Up, Down or Sideways

賛成
反対
保留

63 PMI法

アイデアにフィードバックする

アイデアを評価する際には、良い点（プラス）と悪い点（マイナス）を挙げていくのが分かりやすいやり方です。さらに「興味」の項目を加えると創造的なアイデア評価ができます。

基本のカタチ アイデアを評価・フィードバックする一番簡単なやり方は、良い点と悪い点を洗い出すことです。ところが、アイデアを通したい人は前者、つぶしたい人は後者ばかり挙げがちになります。そうならないよう、片方ずつ両派から求めるようにするのが賢いやり方です。

そのときに、現時点では良し悪しの判断はつかないものの、「何か気になる」という点が出てきます。**後で大化けするかもしれず、重要な評価項目として加えなければなりません**。そういった議論をやりやすくするフレームワークが、E.デ・ボーノの**PMI法**（Plus/Minus/Interest）です。もう1つ、疑問点を加えて4つにするやり方もあります。

応用のヒント PMI法は、メリット／デメリットを比較する**プロコン表**の改良版です。2項対立でやると、ネガティブな話はどうしても受け取りがたくなるからです。他にも、悪い点を改善点と言い替える（**プラスとデルタ**）、個人的な感覚であることを強調する（**アイ・ライク／アイ・ウィッシュ、プラウド＆ソーリー**）といった工夫が効を奏します。

ここから採否を決める際には、挙がった項目の総数ではなく、**個々の項目の重要度を評価して、トータルでどちらが優勢かを判断する**必要があります。この作業をキッチリとやりたいときは、**ハイ・ロー・マトリクス**（→P148）や**星取り表**（→P150）を用いるようにします。

●クリエイティブにアイデアを評価する

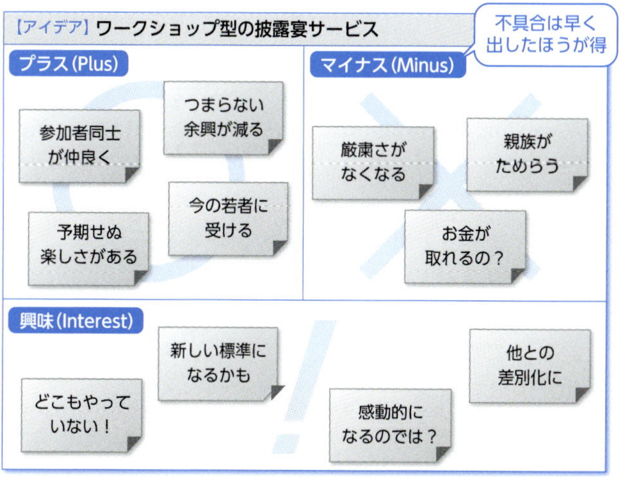
【アイデア】ワークショップ型の披露宴サービス
不具合は早く出したほうが得
プラス(Plus)
参加者同士が仲良く
つまらない余興が減る
予期せぬ楽しさがある
今の若者に受ける
マイナス(Minus)
厳粛さがなくなる
親族がためらう
お金が取れるの？
興味(Interest)
どこもやっていない！
新しい標準になるかも
感動的になるのでは？
他との差別化に

●２項対立のフレームワークを活用しよう

プロコン表

プロ(Pros)	コン(Cons)
・顧客の信頼を損なう恐れあり	・絶好の時期を逃してしまう
・SCに問い合わせが殺到	・今期の目標が達成できない
・報道でブランドに傷がつく	・販売店に迷惑がかかる
・消費者センターから指摘を	・カタログを刷り直す費用
・遅れても来期で取り戻せる	・抜本的な解決に時間がかかる
・今期の目標は高すぎる	・ライバルに出し抜かれるかも？
・事故が起こる可能性がある	

プラスとデルタ

プラス(+)	デルタ(⊿)
・誰でも楽しめるのがよい	・もう少しゆっくりと説明を
・親しみやすい対応だった	・ユーモアがあるとさらによい
・質問に真摯に答えてくれた	・質問の応答を短くしてほしい
・説明が分かりやすかった	・資料がさらに分かりやすければ
・臨機応変な対応に好感	・話と資料がズレることがある
・信頼感あふれる態度だ	・身ぶり手ぶりがあればよい
・最後まで一所懸命だった	・アイコンタクトを増やす

アイ・ライク／アイ・ウィッシュ

I like	I wish
・デザインが気に入った！	・メリハリがあったほうがよい
・機能が豊富で便利だ	・価格がもう少し安ければ
・使い勝手がとてもよい	・もっと操作を簡単にして
・高性能が魅力的である	・取扱説明書をもっとやさしく
・高級感のある操作感	・デザインが選べるとよい
・ブランドイメージが高い	・もう少しスタイリッシュに
	・アクセサリーを充実させて

プラウド＆ソーリー

プラウド(Proud)	ソーリー(Sorry)
・豊かな自然に囲まれている	・悪く言えば田舎の街
・歴史的な街並みがある	・街全体の活気が減っている
・食べ物がおいしい！	・商店街がさびれている
・四季それぞれに楽しめる	・高齢者が多く若者が少ない
・大都市から比較的近い	・子育てに向かないかも？
・有名人を多数輩出	・車がないと移動が不便
・教育の環境が優れている	

64 SUCCESs

優れたアイデアを選ぶ

単純（Simple）、意外（Unexpected）、具体（Concrete）、信頼（Credible）、感情（Emotional）、物語（Story）を兼ね備えたアイデアは、記憶に残るインパクトがあります。

基本のカタチ アイデアを選ぶ際は、基準や視点を明らかにして議論することが大切です。たとえば、ハース兄弟は、記憶に残りやすいアイデアには6つの原則があると述べています。単純、意外、具体、信頼、感情、物語の英語の頭文字をとってSUCCESsの法則と呼びます。

あるいは、石井力重（りきえ）は、コストやインカムといった**8つの評価軸**を設定し、アイデアの種類に応じて組み合わせることを提唱しています。その他にも、**新規性・有用性・実現性**（→P143）や**インパクト・不確実性**（→P136）などのさまざまな基準があり、時々で最適なものを選ぶようにしましょう。

応用のヒント 基準が明確であっても、絞り込むやり方を間違えると、これまでの努力が水の泡になります。**減点法**（ここが悪い）ではなく、**加点法**（ここが良い）で選ぶことが大切です。尖鋭的な魅力のあるアイデアは万人受けせず、難癖をつけていると陽の目を見ることがなくなるからです。

同じ理由で多数決も感心しません。**衆議**を尽くした上で、責任のある人が決断するしかありません。特に感性を伴うアイデアを多数決で決めるのは、自殺行為に等しいです。

さらに悪いのは、落とすのが忍びなくて、残ったアイデアを「全部乗せ」してしまうことです。スッパリと取捨選択をするか、一段レベルの高いところで複数案を両立させる**創発による統合**（止揚）を目指すようにしましょう。

●視点や基準を明らかにして評価する

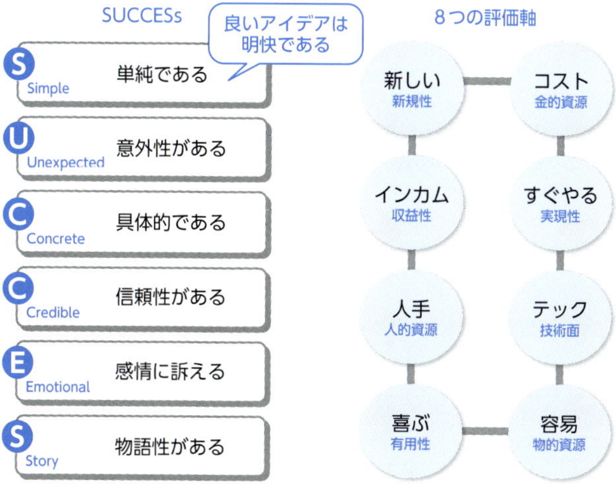
SUCCESs
良いアイデアは明快である
S Simple 単純である
U Unexpected 意外性がある
C Concrete 具体的である
C Credible 信頼性がある
E Emotional 感情に訴える
S Story 物語性がある
8つの評価軸
新しい 新規性
コスト 金的資源
インカム 収益性
すぐやる 実現性
人手 人的資源
テック 技術面
喜ぶ 有用性
容易 物的資源

●アイデアを評価・統合する際の留意点

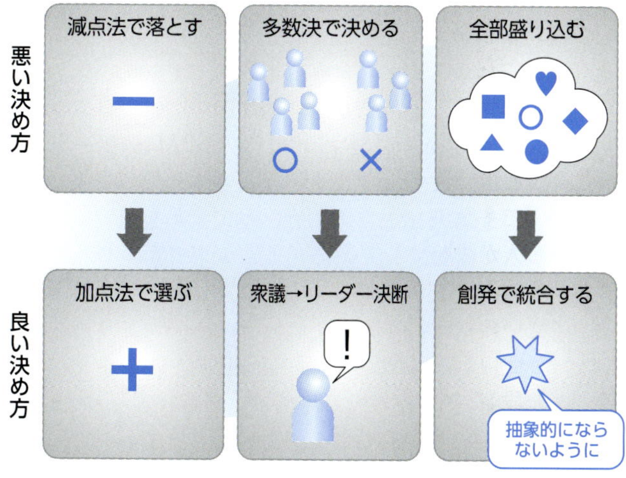
悪い決め方
減点法で落とす
多数決で決める
○
×
全部盛り込む
良い決め方
加点法で選ぶ
衆議→リーダー決断
!
創発で統合する
抽象的にならないように

65 ハイ・ロー・マトリクス

アイデアを取捨選択する

たくさんのアイデアをいちどきに評価するには、独立した2つの評価軸を設定し、ハイ(Hi)・ロー(Lo)の組み合わせでアイデアをマッピングするのが適したやり方です。

基本のカタチ 大量のアイデアの中から、あまり時間をかけずにベストを選び出さないといけない。そんなときに頼りになるのが、2軸で評価する**ハイ・ロー・マトリクス**です。

もし、もっとも効率的なアイデアを選びたければ、**実効性**(効果が高いか？)と**実現性**(簡単にできるか？)を高(ハイ)・低(ロー)の軸にして、アイデアをマッピングしていきます。**ペイオフマトリクス**と呼びます。

効果が高くて簡単にできるものがもっとも優れた案です。効果が高くても実現が難しいアイデアは、じっくり時間をかけて取り組む必要があります。効果が低くて簡単にできるものは、さっさとやってしまいましょう。効果が低いのに難しいアイデアは、取り組むだけ時間のムダです。

応用のヒント この他にも、**重要度・緊急度マトリクス、リスク評価マップ、機会・脅威マップ、プロダクト・ポートフォリオ**など、さまざまなマトリクスが提案されています。いずれの場合も、何を尺度とするのか、軸の定義を明確にすることと、2つの軸が独立していることが大切です。そうでないと、何を評価しているか分からなくなります。

評価基準が2つで分かりやすいハイ・ロー・マトリクスは、大量にさばくのに向いています。反面、精密な分析には不向きです。ざっくりと絞り込んだ後は、**星取り表**(→P150)などを使って最終決定されることをお勧めします。

●ペイオフマトリクスで最善のアイデアを選ぶ

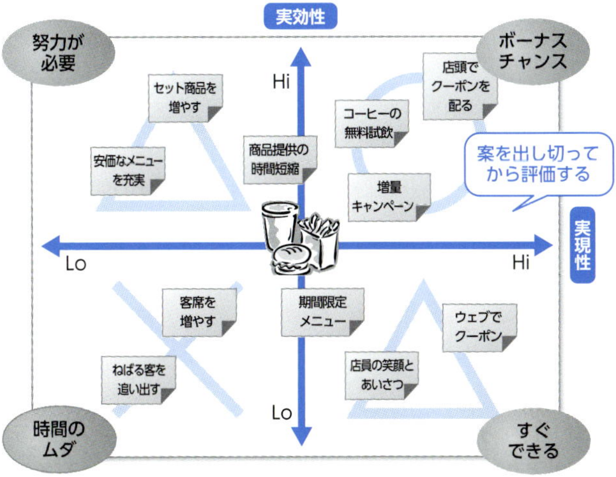

実効性
努力が必要
ボーナスチャンス
Hi
セット商品を増やす
店頭でクーポンを配る
コーヒーの無料試飲
安価なメニューを充実
商品提供の時間短縮
案を出し切ってから評価する
増量キャンペーン
実現性
Lo
Hi
客席を増やす
期間限定メニュー
ウェブでクーポン
ねばる客を追い出す
店員の笑顔とあいさつ
Lo
時間のムダ
すぐできる

●ハイ・ロー・マトリクスを使いこなそう

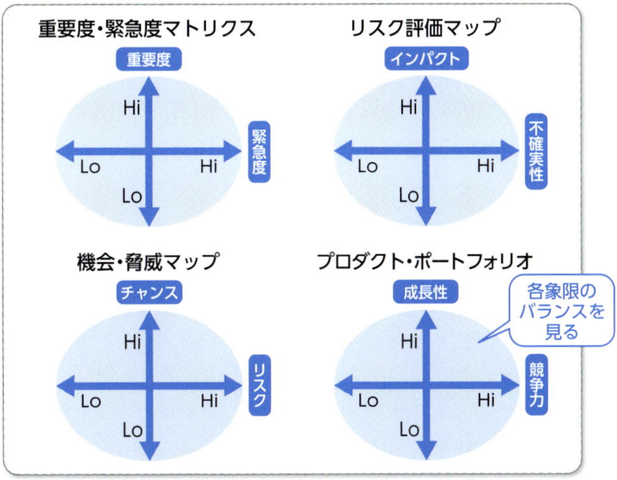

重要度・緊急度マトリクス
重要度
緊急度
Hi
Lo
Hi
Lo
リスク評価マップ
インパクト
不確実性
Hi
Lo
Hi
Lo
機会・脅威マップ
チャンス
リスク
Hi
Lo
Hi
Lo
プロダクト・ポートフォリオ
成長性
競争力
各象限のバランスを見る
Hi
Lo
Hi
Lo

66 星取り表

選択肢を比較検討する

ある程度絞り込まれた選択肢同士で、評価項目ごとに優劣を相対評価すれば、各案の特徴や個性が明確に把握でき、最終的な決定に役立てることができます。

基本のカタチ　**星取り表**が活躍するシーンの1つは、数案程度まで候補が絞られ、どれがベストか迷ったときです。はじめに、縦軸に**選択肢**、横軸に**評価項目**を並べた表をつくります。次に基準となる案を1つ選び出し、他の案がそれよりも優れているか、劣っているかを、項目ごとに記入していきます。いわば総当たりで戦うようなもの。それを相撲の星取り表になぞらえたわけです。同様の手法を海外では考案者の名を冠して**ピュー・コンセプト・セレクション**と呼びます。

勝ち星が多いからといって、ベストのアイデアとは限りません。項目の中でどれを重要視するかで、全体の評価が大きく変わってくるからです。**最終決定の前に、各案の特徴や個性に対する理解を深めるのに役立つ**ツールです。

応用のヒント　相対評価の星取り表に対して、最終決定の助けとなるのが**意思決定マトリクス**です。形は似ていますが、絶対評価で得点をつけるところと、評価項目に**重み**（重要度）をつけて掛け合わせるところが大きく違います。一般的には、総合点の多寡で選ぶ選択肢を決めます。

ところが、これさえも**最善の答えを教えてくれるわけではありません。**いつも総合点で判断するのがよいとは限らず、優等生的なアイデアより、特定の項目でずば抜けているほうが望ましい場合もあるからです。ツールはあくまでも手がかりにすぎず、最後は自分で決断するしかありません。

●相互比較をするには星取り表が便利

○:優れている　●:劣っている　ー:同じ

重要な3つの指標で評価するのがNUFテスト

	新規性 New	有用性 Useful	実現性 Feasible	親和性 Affinity	リスク Risk	備考
A案	基準					
B案	○	ー	●	●	ー	負け越し
C案	●	○	●	○	○	勝ち越し
D案	●	●	○	○	ー	引き分け
E案	●	●	ー	○	●	負け越し

●意思決定マトリクスで総合評価する

	新規性	有用性	実現性	親和性	リスク	合計
ウェイト（重み）	×3	×2	×2	×1	×1	
A案	6	6	6	6	6	54
B案	10	5	1	1	5	48
C案	1	10	1	[illegible]	10	43
D案	3	1	10	8	6	45
E案	3	3	5	10	3	38

優等生のアイデア（A案 合計54）
先駆的なアイデア（B案 新規性10）
美味しいアイデア（C案 有用性10）
着実なアイデア（D案 実現性10）

67 Who/What/When

アイデアを行動に結びつける

何かを決定したときは、「誰が（Who）、何を（What）、いつまでに（When）するか」を書き出してその場で確認をしておけば、「決まったことが実行されない」という事態を防げます。

基本のカタチ どのアイデアを採用するか、みんなで話し合って決めたのに誰も動かない。業を煮やして催促すると、「え、そんなこと決まった？」「私の解釈では…」と認識の違いを指摘される。そんなことがないよう、合意事項を**アクションプラン**に展開して確認しておく必要があります。Who/What/When（To Doリスト）の出番です。

まずは、会議の参加者全員の名前をリストアップして、各々が何をするか、何をしてほしいかを書き出します。その上で、いつまでにやるのかを決め、納期と決意をみんなの前で宣言してもらいます。この順番で次のアクションを確認することで、先ほど述べた事態はかなり防げるはずです。

応用のヒント 時間をおくと記憶が曖昧になり、**確認は必ずその場その時にやらなければなりません。**しかも、ホワイトボードなどに**見える化**することが大切。皆の前で自分の役割がオープンにされると、やらざるをえなくなります。

ときには、人に仕事ばかり押し付けて、自分は何もやろうとしない人が出てくることもあります。そういうときは、**ギブ＆テイク・マトリクス**をつくって話し合うと、いやでも他人に貢献せざるをえなくなります。

また、長い期間での互いの取り組み事項を確認する場合は**ロードマップ**（行程表）が必要となります。**ガントチャート**や**PERT**（パート）を活用すると、全体像がつかみやすくなります。

●誰が何をするかを明らかにしよう

Who/What/When

アクションプラン		
Who	What	When
吉田	社長プレゼンの資料作成	9/25
木村	今日の話し合いのまとめをする	明日17時
佐藤	ヘビーユーザーの実態調査	10/17
小林	先週のクレームの処理をする	今すぐ！
高橋	B案の発展性を検討しておく	11月初旬
渡辺	次回検討会議のアジェンダ	金曜日

必ず全員に仕事を

ギブ&テイク・マトリクス

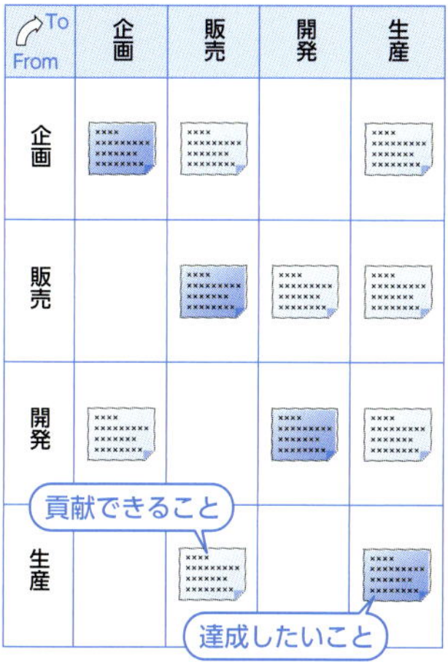

To
From
企画
販売
開発
生産
貢献できること
達成したいこと

●アクションをロードマップに展開する

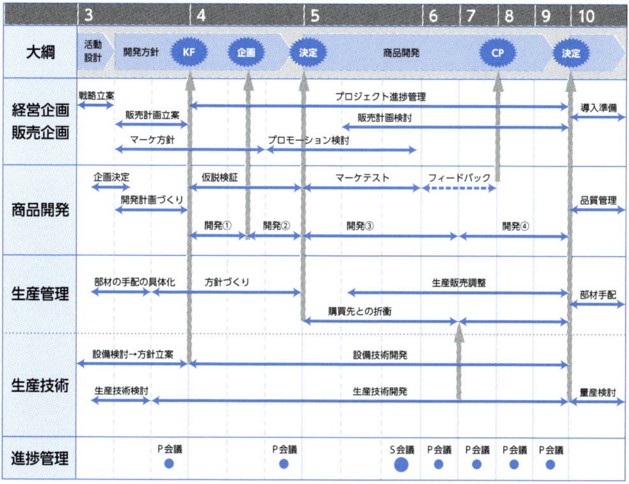

3
4
5
6
7
8
9
10
大綱
活動設計
開発方針
KF
企画
決定
商品開発
CP
決定
経営企画
販売企画
戦略立案
プロジェクト進捗管理
導入準備
販売計画立案
販売計画検討
マーケ方針
プロモーション検討
商品開発
企画決定
仮説検証
マーケテスト
フィードバック
開発計画づくり
品質管理
開発①
開発②
開発③
開発④
生産管理
部材の手配の具体化
方針づくり
生産販売調整
部材手配
購買先との折衝
生産技術
設備検討→方針立案
設備技術開発
生産技術検討
生産技術開発
量産検討
進捗管理
P会議
P会議
S会議
P会議
P会議
P会議
P会議

68 満足度マトリクス

発想のプロセスを振り返る

続けたいこと、変えたいこと、新しく始めること、感謝することの4つの視点でチーム活動を振り返っていけば、アイデア出しのプロセスを改善し続けることができます。

基本のカタチ 私たちがアイデアを出すのは**コンテンツ**（中身）、すなわち検討テーマに関してだけではありません。アイデア出しの**プロセス**（進め方）についても智恵を出し合い、改善を続けていかねばなりません。そのために大切なのが事後の**振り返り**（**リフレクション**）であり、**満足度マトリクス**を使うと効果的に進められます。

うまくいったことは続けないと損です。逆に、うまくいかなかったことは、やり方を変えて再チャレンジ。続けることと変えることの区分けを間違えないようにしましょう。

さらに、次に向けて新しいアイデアを出していき、最後にメンバーへの感謝を忘れずに。こうやって振り返れば、**プロセスの改善と同時に、次へのやる気が高まります。**

応用のヒント 振り返りのフレームとしては**KPT**（ケプト）がよく使われますが、感謝で終えるところが満足度マトリクスの特徴です。必ずこの順番でやり、**1つの視点を出し尽くしてから次にいくように**しないと、期待する効果が得られません。単なるダメ出しにならないよう注意しましょう。

満足度マトリクスのほかに、**プラスとデルタ**（→P144）などの**2項対立のフレームワーク**が振り返りに使えます。たくさん覚えることよりも、チームに合ったものを見つけ、習慣になるまで使い続けることが大切です。それこそが、**学習する組織**になるための重要なステップとなります。

●満足度マトリクスで活動を振り返る

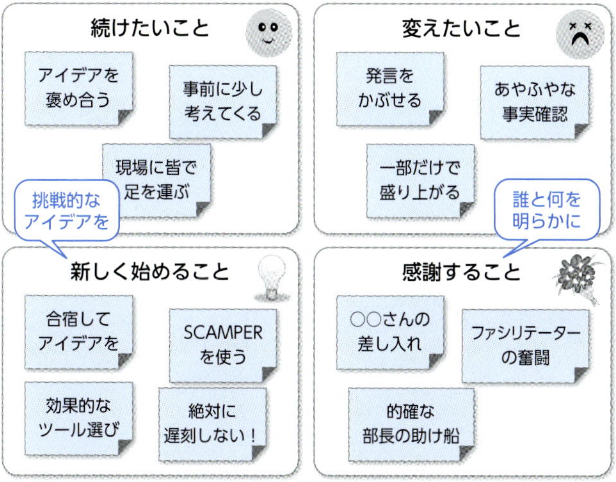
続けたいこと
アイデアを褒め合う
事前に少し考えてくる
現場に皆で足を運ぶ
変えたいこと
発言をかぶせる
あやふやな事実確認
一部だけで盛り上がる
挑戦的なアイデアを
誰と何を明らかに
新しく始めること
合宿してアイデアを
SCAMPERを使う
効果的なツール選び
絶対に遅刻しない！
感謝すること
○○さんの差し入れ
ファシリテーターの奮闘
的確な部長の助け船

●こんなにもある振り返りのフレームワーク

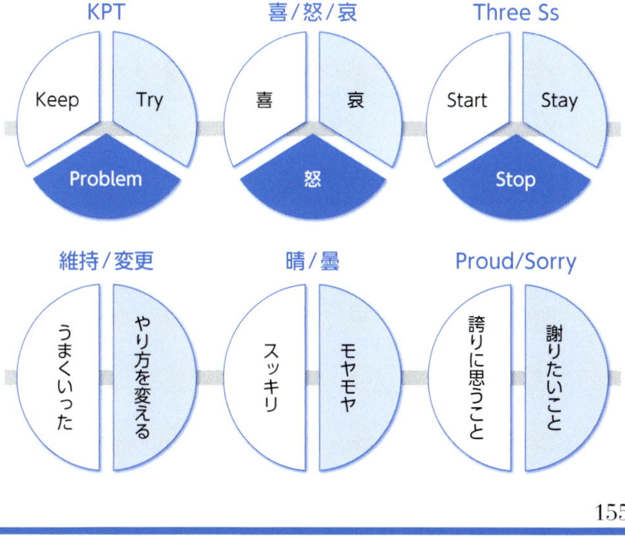
KPT
Keep
Try
Problem
喜/怒/哀
喜
哀
怒
Three Ss
Start
Stay
Stop
維持/変更
うまくいった
やり方を変える
晴/曇
スッキリ
モヤモヤ
Proud/Sorry
誇りに思うこと
謝りたいこと

索引

数字

英文

あ

か

さ

た

な

※ゴシックは項目名として採用の箇所

主な参考文献

- 堀 公俊『ビジネス・フレームワーク』（日経文庫ビジュアル、日本経済新聞出版社）
- 堀 公俊、加藤 彰『アイデア・イノベーション』（日本経済新聞出版社）
- 堀 公俊、加藤 彰、加留部貴行『チーム・ビルディング』（日本経済新聞出版社）
- 堀 公俊『悩まない！技術』（朝日新聞出版）
- ジェームス・W. ヤング『アイデアのつくり方』（阪急コミュニケーションズ）
- アレックス・F. オズボーン『創造力を生かす』（創元社）
- マイケル・マハルコ『アイデア・バイブル』（ダイヤモンド社）
- 川喜田二郎『発想法』（中公新書、中央公論新社）
- 星野 匡『発想法入門』（日経文庫、日本経済新聞出版社）
- 高橋 誠『問題解決手法の知識』（日経文庫、日本経済新聞出版社）
- 高橋 誠『新商品開発技法ハンドブック』（日本ビジネスレポート）
- 加藤昌治『考具』（阪急コミュニケーションズ）
- デイブ・グレイ、サニー・ブラウン、ジェームズ・マカヌフォ『ゲームストーミング』（オライリー・ジャパン）
- リュック・ド・ブラバンデール『BCG流非連続思考法』（ダイヤモンド社）
- トム・ケリー、ジョナサン・リットマン『発想する会社！』（早川書房）
- エドワード・デ・ボーノ『会議が変わる6つの帽子』（翔泳社）
- デビッド・シベット『ビジュアル・ミーティング』（朝日新聞出版）
- 永田豊志『革新的なアイデアがザクザク生まれる　発想フレームワーク55』（SBクリエイティブ）
- 前野隆司『システム×デザイン思考で世界を変える』（日経BP社）
- 森 時彦、ファシリテーターの道具研究会『ファシリテーターの道具箱』（ダイヤモンド社）
- 石井力重『アイデア・スイッチ』（日本実業出版社）
- ダン・ローム『描いて売り込め！超ビジュアルシンキング』（講談社）
- アレックス・オスターワルダー、イヴ・ピニュール『ビジネスモデル・ジェネレーション』（翔泳社）
- トニー・ブザン、バリー・ブザン『ザ・マインドマップ』（ダイヤモンド社）
- エリヤフ・ゴールドラット『ザ・ゴール』（ダイヤモンド社）
- イーサー・ダービー、ダイアナ・ラーセン『アジャイルレトロスペクティブズ』（オーム社）

- 松波晴人『ビジネスマンのための「行動観察」入門』（講談社現代新書、講談社）
- 上野啓子『マーケティング・インタビュー』（東洋経済新報社）
- 産能大学VE研究グループ『新・VEの基本』（産能大学出版部）
- キース・ソーヤー『凡才の集団は孤高の天才に勝る』（ダイヤモンド社）
- ジェームズ・スロウィッキー『「みんなの意見」は案外正しい』（角川文庫、角川書店）
- ダンカン・ワッツ『偶然の科学』（ハヤカワ文庫、早川書房）
- ダニエル・キム、バージニア・アンダーソン『システム・シンキング　トレーニングブック』（日本能率協会マネジメントセンター）
- ブライアン・ウィルソン『システム仕様の分析学』（共立出版）
- C. H. ケプナー、B. B. トリゴー『新・管理者の判断力――ラショナル・マネジャー』（産能大学出版部）
- 笠井 肇『開発設計のためのTRIZ入門』（日科技連出版社）
- 中山正和『増補版　NM法のすべて』（産能大学出版部）
- 今泉浩晃『超メモ学入門 マンダラートの技法』（日本実業出版社）
- 清宮普美代『質問会議』（PHP研究所）
- アニータ・ブラウン、デイビッド・アイザックス他『ワールド・カフェ』（ヒューマンバリュー）
- ハリソン・オーエン『オープン・スペース・テクノロジー』（ヒューマンバリュー）
- マーヴィン・ワイスボード、サンドラ・ジャノフ『フューチャーサーチ』（ヒューマンバリュー）
- 高尾 隆、中原 淳『インプロする組織』（三省堂）
- 野村恭彦『フューチャーセンターをつくろう』（プレジデント社）
- 橋本文隆『ソリューション・フォーカス入門』（PHP研究所）
- ティム・ブラウン『デザイン思考が世界を変える』（ハヤカワ・ノンフィクション文庫、早川書房）
- スタンフォード大学ハッソ・プラットナー・デザイン研究所「デザイン思考家が知っておくべき39のメソッド」（一般社団法人デザイン思考研究所のサイトより入手可能）

発想フレームワークお薦め本

本書で紹介したフレークワークの詳しい使い方は、以下の書籍などを参照ください。

アイデア・イノベーション

堀 公俊、加藤 彰［著］
日本経済新聞出版社［刊］
デザイン思考とクリエイティブ思考を活かして、平凡なチームが頭抜けたアイデアを出すための技法を解説。発想を刺激する視点カードが付録でついています。

問題解決手法の知識

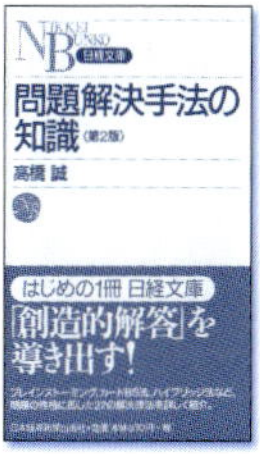

高橋 誠［著］
日本経済新聞出版社［刊］
世の中に数多くある創造性開発技法（発想法）を体系的に整理し、分かりやすく紹介しています。新書で読みやすく、手元に置いておくと重宝する1冊です。

アイデア・バイブル

マイケル・マハルコ［著］
ダイヤモンド社［刊］
創造性を解き放つ38の発想法を解説した分厚い本で、まさにバイブルとして使いたいところ。右脳型と左脳型の手法に分かれているので使い勝手がよいです。

ゲームストーミング

デイブ・グレイ、サニー・ブラウン、ジェームズ・マカヌフォ［著］
オライリー・ジャパン［刊］
ゲームの本ではなく、創造力を活かしたワークショップをおこなうための手法を幅広く紹介したガイドブックです。楽しさを演出することの大切さがよく分かります。

使えるビジネス・フレームワーク69

戦略立案のフレームワーク

1 **3C**……利害関係者の視点から考える
2 **SWOT**（スウォット）……環境分析から戦略を導く
3 **PEST**（ペスト）……外部環境を分析する
4 **3M**（ヒト／モノ／カネ）……経営資源を整理する
5 **7S**……経営資源から組織運営を考える
6 **VRIO**（ヴリオ）……内部資源の競争力を見極める
7 **5F**（ファイブ・フォース）……業界の構造を分析する
8 **ランチェスターの法則**……自社に有利な戦い方をする
9 **競争戦略ポジショニング**……業界での戦い方を決める
10 **PPM**……選択と集中を図る
11 **アンゾフの成長マトリクス**……事業の成長戦略を考える
12 **バリューチェーン**……価値の連鎖を分析する
13 **バランス・スコア・カード**……戦略を着実に実行する

マーケティングのフレームワーク

14 **STP**……マーケティングの構図を考える
15 **ポジショニングマップ**……独自の位置を見つけ出す
16 **4P**……売れる仕組みを考える
17 **プロダクトアウト／マーケットイン**……製品を市場化する
18 **製品ライフサイクル**……製品の栄枯盛衰に対応する
19 **イノベーター理論**……顧客への浸透に対応する
20 **パレートの法則**……効率的な施策を打つ
21 **RFM分析**……優良顧客を見つけ出す
22 **バリュー分析**（CS/CE分析）……価値の最適化を図る
23 **AIDMA**（アイドマ）……顧客の心理に働きかける

問題解決のフレームワーク

24 **As is/To be**（ギャップ分析）……問題を発見する
25 **特性要因図**……要因を網羅的に調べる
26 **ロジックツリー**……網羅的に選択肢を検討する
27 **プロセスマップ**……プロセスの生産性を高める
28 **ブレーンストーミング**……発想の枠を打ち破る
29 **SCAMPER**（スキャンパー）……アイデアを展開する
30 **マインドマップ**……自由に発想を広げる
31 **親和図法**……共通項をあぶり出す
32 **タイムマシン法**……未来から発想する
33 **期待／課題マトリクス**……具体的なアクションを導く
34 **プロコン表**……2項対立で考える

35 **ペイオフマトリクス**……効率的なアイデアを選ぶ
36 **意思決定マトリクス**……最善の選択肢を選ぶ

マネジメントのフレームワーク

37 **マネジメント・ヒエラルキー**……仕事を管理する
38 **PDCA**……仕事を継続的に改善する
39 **QCD**……仕事の基本をおさえる
40 **5W1H**……物事を具体化する
41 **ムリ／ムダ／ムラ（3M）**……仕事を効率化する
42 **5S**……職場を管理する
43 **3現主義**……問題の本質をつかむ
44 **ECRS（イクルス）**……効果的な改善策を考える
45 **ハインリッヒの法則**……失敗を未然に防ぐ
46 **CMMI（能力成熟度統合モデル）**……組織の成熟度を測る
47 **OARR（オール）**……会議をマネジメントする
48 **SMART（スマート）**……望ましい目標を設定する
49 **重要度／緊急度マトリクス**……仕事の効率を上げる
50 **KPT（ケプト）**……仕事を振り返る
51 **PREP（プレップ）**……分かりやすく伝える
52 **FABE（ファブ）**……説得力を高める
53 **PRAM（ピーラム）**……交渉を円滑に進める

組織開発のフレームワーク

54 **MVV（ミッション／ビジョン／バリュー）**……ベクトルを合わせる
55 **能力の3要素**……必要な能力を身につける
56 **Will/Skillマトリクス**……人材を育成する
57 **欲求階層説**……モチベーションを高める
58 **ジョハリの窓**……相互理解を促進する
59 **ハーマンモデル**……メンバーの持ち味を活かす
60 **GROWモデル**……個人の変容を促す
61 **経験学習モデル**……仕事を通じて成長する
62 **ウォント／コミットメント**……協力し合えるチームをつくる
63 **キャリアアンカー**……キャリア開発を考える
64 **ABC理論**……仕事の悩みを解消する
65 **PM理論**……リーダーシップを発揮する
66 **タックマンモデル**……チームの力を発揮させる
67 **フォースフィールド分析**……変革を前に進める
68 **システムシンキング**……悪循環から抜け出す
69 **レヴィンの変革モデル**……組織を変革に導く

これらのフレームワークについて詳しく知りたい方は、参考文献に挙げた書籍やネット、本書の姉妹本である日経文庫ビジュアル『ビジネス・フレームワーク』を参照ください。

堀　公俊（ほり・きみとし）
1960年、神戸生まれ。大阪大学大学院工学研究科修了。大手精密機器メーカーにて商品開発や経営企画に従事。95年より組織改革、企業合併、教育研修、コミュニティ、NPOなど多彩な分野でファシリテーション活動を展開。2003年に有志とともに日本ファシリテーション協会を設立し、初代会長に就任。研究会や講演活動を通じてファシリテーションの普及・啓発に努めている。
現在：堀公俊事務所代表、組織コンサルタント、日本ファシリテーション協会フェロー
著書：『ファシリテーション入門』『アイデア・イノベーション』『ビジネス・フレームワーク』（以上、日本経済新聞出版社）、『問題解決ファシリテーター』（東洋経済新報社）、『チーム・ファシリテーション』（朝日新聞出版）など多数。
連絡先：fzw02642@nifty.ne.jp

●日経文庫 1928
ビジュアル
アイデア発想フレームワーク
2014年 8月 8日　1版1刷

著　者　　堀　公俊
発行者　　斎藤修一
発行所　　日本経済新聞出版社
http://www.nikkeibook.com/
東京都千代田区大手町1-3-7
郵便番号100-8066
電話(03)3270-0251（代）
印刷・製本　広研印刷株式会社
ISBN978-4-532-11928-7